P. Frumentius Renner OSB

# ALOIS SCHMID -
## genannt der Schmid von Mindelheim

P. Frumentius Renner OSB

# ALOIS SCHMID –
## genannt der
## Schmid von Mindelheim

3. erweiterte Auflage

eos
Copyright © 2010 by EOS Verlag Sankt Ottilien
mail@eos-verlag.de
www.eos-verlag.de

ISBN 978-3-88096-569-0

Bibliografische Information der Deutschen Bibliothek
Die Deutsche Bibliothek verzeichnet diese Publika-
tion in der Deutschen Nationalbibliografie; detail-
lierte bibliografische Angaben sind im Internet unter
http://dnb.ddb.de abrufbar.

Druck und Bindung: EOS-Druck Sankt Ottilien
Printed in Germany

# Teil I: Der Lebenslauf

## Ein adventliches Vorspiel

Wer sich auf Gott einläßt, dem mag es geschehen, daß bald dieser bald jener Tag zu einem wirklichen Abenteuer wird. Das ist eine Tatsache, die sich im Leben jedes Christen vollzieht, sofern er den Winken der Vorsehung Folge leistet. Derartiges geschah im schwäbischen Mindelheim im Jahr 1926 kurz vor Weihnachten. Es hatte eine Vorgeschichte.

Ein paar Monate zuvor, am 1. Oktober war ein 32jähriger unverheirateter Mann in die Mindelstadt gezogen. In einem ärmlichen Dachzimmer in der Kaufbeurerstraße hatte er sich eingemietet. An seiner Zimmertür war als Namens- und Firmenschild zu lesen:

Alois Schmid
Heilpraktiker

Er war nicht von weither gekommen. Die letzten Jahre war er in der näheren Umgebung bei größeren Bauern als Melker im Dienst gewesen. Er war tüchtig und fleißig. Das verschaffte ihm die Achtung und Gunst seiner Dienstherren. Allerdings war er frömmer, als seiner Umgebung lieb war. Er verstand es jedoch vortrefflich, kranke Tiere zu heilen, und zwar durch sein Beten und Segnen. Daher geschah es, daß seine Hilfe jeweils vom ganzen Dorf in Anspruch genommen wurde.

Von selbst kam es dazu, daß der Melker auch von kranken Menschen um Heilung angegangen wurde. Er wies keine Bitte zurück. Erfolge ermutigten ihn und weckten in ihm den Wunsch, sich ganz kranken Menschen widmen zu dürfen. So reifte in ihm der Entschluß, sich in der nahen Stadt niederzulassen. So kam es, daß er im Herbst 1926 als selbsternannter Heilpraktiker in Mindelheim anzutreffen war.

In der Stadt war Alois Schmid völlig unbekannt. Doch dauerte es nicht lange, da fanden frühere Klienten vom Land den Weg in die Kaufbeurerstraße. Es waren zunächst einzelne, bald wurden es mehr. Die Mindelheimer staunten darüber, fanden aber auch tropfweise den Weg zu ihm. Aber es waren anfangs nur arme und kleine Leute.

Unter diesen schüchternen Heilung Suchenden fand sich Mitte Dezember auch ein Schustergeselle ein. Was für ein Wehchen ihn plagte, blieb unbekannt. Aber dieser junge Mann brachte einen Stein ins Rollen, auf eigenartige Weise. Als er hernach seinen Freund Heribert Gruber (Pseudonym!), einen 20jährigen Bäckergesellen, traf, erzählte er ihm voll Begeisterung seine sensationelle Neuigkeit: »Heribert, das ist ein eigenartiger Mann. Der hat mir alle meine Sünden aufgezählt, sogar noch mehr, als ich selber gewußt habe. Zu dem mußt Du gehen.«

Das ließ sich Heribert nicht zweimal sagen. Am Abend des 23. Dezember — er hat sich den Tag genau gemerkt — klopfte er an der Tür des neuen

Heilpraktikers an, obgleich ihm eigentlich gar nichts fehlte. Es wurde eine eigenartige Begegnung. Heribert schrieb später darüber: »Als wir uns aus einer Entfernung von vier Metern gegenüberstanden, sah er mich an, und sein Blick ging mir durch Mark und Bein. Von diesem Moment an wußte ich, daß dieser Mann für mich etwas Besonderes bedeuten sollte.«

Er begann in seiner knappen Art mir überraschende Dinge zu sagen. Der nunmehr greise Pfarrer Gruber hat heute noch, nach 68 Jahren, die Worte des Alois Schmid fast wörtlich im Gedächtnis. »So! Sie kommen aus Neugier. Sie sind geschickt worden. Aber eigentlich hat Sie der Herrgott geschickt.«

Über den weiteren Verlauf des Gesprächs ist dem alten Pfarrherrn in Erinnerung: »Er sagte mir dann anschließend; für mich stehe vom lieben Gott eine besondere Gnade zur Verfügung. Wenn ich das religiöse Leben pflegen würde, dann werde sich eine Wende vollziehen. Vom Priestertum sagte er nichts. Er sagte nur: »Wenn Sie die Gnade benützen, dann sind sie nicht mehr lange in der Backstube.«

In jener Abendstunde des 23. Dezember 1926 wurde Heribert Gruber tatsächlich auf eine neue Lebensbahn gewiesen. Schon bald begann er das Studium, wurde Theologe und Priester. Was aber auch dem hellsichtigen Alois Schmid an jenem Abend verborgen blieb, war dies, daß auch sein eigenes Lebensschicksal mit dem seines neuen Schutzbefohlenen fortan verknüpft sein sollte.

# Gesunder Wurzelboden

Die Wiege des Alois Schmid stand im dem kleinen Weiler Hub, etwa 15 km nördlich von Kempten. Hub bestand damals (1893) aus sechs Anwesen mit 34 Einwohnern, die sämtlich katholisch waren. Zur Pfarrkirche in Rechtis war es 45 Minuten zu gehen. Des Alois Vater hatte einen kaum mittelgroßen Hof mit etwa 40 Tagwerk Grund, meist Wiesen. Als 12. Kind wurde Alois am 20. November 1894 dort geboren.

Einen sehr intensiven Einfluß übte auf den Buben die fromme Mutter aus, und Alois erlebte inmitten der großen Geschwisterzahl eine sonnige Jugend. In Rechtis besuchte er (1900–1907) die Volksschule, für die ein einziger Lehrer zur Verfügung stand. Es war also eine sog. einklassige Schule, in der ein ergiebiger Unterricht nicht möglich war. Die Pfarrei Rechtis zählte ja nur 250 Seelen.

Alois gehörte zu den guten Schülern und war mit der Hauptnote II eingestuft. In der dreijährigen Sonntagsschule sank er jedoch um einen halben Grad. Sein Hauptbetätigungsfeld in diesen drei Jahren der Sonntagsschule war des Vaters Viehstall, später die Ställe des Bauern, bei denen er als Melker eingesetzt war.

In seiner Arbeit erwies sich Alois von Anfang an als sehr tüchtig und arbeitsam. Gleichzeitig entfaltete sich bei ihm mehr und mehr eine tiefe Religiosität, die schon im Elternhaus, in erster Linie durch die

Mutter grundgelegt war. Ein sehr guter Religionsunterricht durch den tüchtigen Ortspfarrer festigte
den Heranwachsenden. Dankbar gedachte Alois lebenslänglich seines guten Heimatpfarrers Lorenz
Weizenegger (* 1870 in Altusried). Dieser war
schon nach drei Priesterjahren in Rechtis Pfarrvikar
geworden und dann seit 1898 Pfarrer.

## Anruf Gottes in einem weisenden Wort

Nach der Schulentlassung wurde Alois Schmid,
wie gesagt, Melker, damals Stallschweizer geheißen. Das war die Laufbahn der allermeisten Allgäuer Burschen. Doch die göttliche Vorsehung griff
schon bald in des Alois Leben ein. Es soll etwa 1912
gewesen sein, also noch vor dem Ersten Weltkrieg.
Vertraute des Alois, nämlich Hugo Mayr und Pfarrer Jakob Ruf, wußten davon zu berichten. Immer
wieder habe sein Bauer wegen kranker Tiere den
Tierarzt rufen müssen. Der habe aber wenig Erfolg
gehabt. Darum vermutete man bösgeistigen Einfluß. Auch andere Bauern hätten mit ihren Ställen
gleiche Not gehabt.
Eines Tages nun hörte Alois eine Predigt über den
Segen. Der Prediger soll gesagt haben:
»Jeder Getaufte dürfe segnen und sei zum Segnen
berufen. Durch den Segen würde die Kraft, die
Liebe, der Schutz Gottes weitergeschenkt.«

Wir sollten also viel segnen und alles segnen, was wir benützen und besitzen.

Da dachte der junge Stallschweizer: »Da kann ich ja meine Viecher daheim auch segnen. Ich bin ja auch getauft.«

Und so hat er täglich seine Kühe gesegnet. Er machte auf jede Kuh ein Kreuz. Als er dies so getan hatte, kam ihm der Gedanke: »Jetzt darf ich aber nicht mehr fluchen. Das verträgt sich nicht.« Er hatte ja nur gelegentlich heilige Namen ausgesprochen. Jetzt aber vermied er diese Unsitte konsequent. Auch sagte er sich: »Wenn ich etwas von mir heraus geben soll, muß ich auch einen Segen in meinem Inneren haben. Also muß ich öfter kommunizieren.« Damals beichteten und kommunizierten die jungen Burschen ein- oder zweimal im Jahr. Alois ging nun alle vier Wochen zur Beichte und jeden Sonntag zur hl. Kommunion. Seine Kameraden, erzählte er, hätten von der Empore herabgeglotzt und gesagt: »Jetzt ist der Alois bigottisch geworden.« Alois aber ging unbeirrt seinen Weg.

Eines Tages sprachen ihn seine Kameraden an, wie es im Stall gehe. Er sagte: »Bei uns ist alles in Ordnung.«

Darauf die Kameraden: »Was habt Ihr getan?«

Alois: » Ich habe gesegnet.«

Darauf die Kameraden: »Komm doch auch zu uns!«

Alois wurde nun gebeten, da und dort zu helfen. Er tat es mit auffallendem Erfolg. Es dauerte nicht gar lange, da wurde er auch zu Kranken ins Dorf gerufen.

Alois Schmids religiöses Leben hat also schon vor dem Krieg einen ungewöhlichen Tiefgang erreicht. Diesem Umstand mag es zu danken gewesen sein, daß er in höchst gefahrvollen Situationen an den Fronten Gottes besonderen Schutz erfahren durfte. Gott hatte ihn offenbar für Größeres ausersehen.


## Soldat im Ersten Weltkrieg


Seit August 1914 tobte der große Krieg. Anfangs November wurde auch Alois Schmid eingezogen, und zwar zum 20. Bayerischen Infanterieregiment. Im Februar 1915 wurde er an die Westfront versetzt. Im belgischen und französischen Flandern machte er die Stellungskämpfe und Schlachten mit bis 1917. Noch im Herbst 1916 wurde er zum Gefreiten, und im Januar 1917 zum Unteroffizier befördert, ein Zeichen, daß seine Tüchtigkeit und seine Führerqualitäten anerkannt wurden.

Im Oktober 1917 erhielt Alois einen dreiwöchigen Urlaub. Danach wurde er mit dem 27. Bayerischen Infanterieregiment in Rumänien eingesetzt. Im Mai 1918 kam es dort zum Waffenstillstand. Seine Einheit wurde daraufhin wieder in Frankreich in die verlustreiche Erstürmung der Höhen bei Chemin des Dames (27. Mai bis 13. Juni 1918) und in die

Verfolgungskämpfe an der Marne gejagt. In dieser Zeit erlitt Schmid eine schwere Verwundung durch ein Artilleriegeschoß, an deren Nachwehen er anscheinend lebenslänglich zu leiden hatte. Doch verfolgen wir die Geschichte seiner Kriegsverletzungen im einzelnen.

Im Frühling 1916 erlitt Alois Schmid eine Fingerverletzung, im Juni 1917 eine Kopfverletzung durch ein Artilleriegeschoß, was jeweils eine einmonatige Behandlung in einem Lazarett nötig machte. Am 17. Juni 1918 aber erlitt er durch einen Schnellschuß eine sehr schwere Schulterverletzung. Im Versorgungsnachweis wurde eingetragen: »Verwundet im linken Schultergelenk, teilweise Bewegungsbehinderung am ganzen linken Arm, verwundet durch Artilleriegeschoß.«

Im Feldlazarett wurde die Verwundung falsch behandelt. Darum kam der Verwundete anfangs August nach München. Dort wurde er im Reservelazarett am 19. September operiert. Auch danach hatte Alois Wochen hindurch an Schüttelfrost zu leiden. Jede menschliche Hilfe versagte.

Da nahm Alois seine Zuflucht zum himmlischen Arzt und wurde gesund. Die Ursache der Krankheitssymptome glaubte man in der Kopfverletzung vom Juni 1917 sehen zu müssen. Kurz vor Weihnachten wurde Alois einer Genesungskompanie in Bamberg zugewiesen. Am 15. Januar 1919 wurde er dann als Kriegsversehrter in die Heimat entlassen. Der Krieg mit all seinem Elend hat den sensiblen jungen Mann geprägt. Zweifellos hat er in diesen

Jahren den Weitblick gewonnen, der ihn später auszeichnete, aber auch die Opferbereitschaft und die Großmut, die seine hervorragendsten Charakterzüge geworden sind. Energie und Bestimmtheit waren ihm, wie die photographischen Aufnahmen bezeugen, als dominierende Eigenschaften ins Gesicht geschrieben. Sicher hat er viel an Vitalität im Krieg eingebüßt. Äußerlich war bei ihm zeitlebens zu beobachten, daß der Gebrauch des linken Armes so eingeschränkt war, daß er damit selbst beim Autofahren behindert war.

## Vom Melker zum Heilpraktiker

Erst ab Oktober 1919 läßt sich des Heimgekehrten Arbeitseinsatz als Melker in fremden Diensten erneut verfolgen. Gut ein halbes Jahr war er zunächst bei einem Bauern in Rothen bei Durach, dann vier Monate in Volkratshofen bei Memmingen, sodann aber fast sechs Jahre in Lauchdorf und noch ein Vierteljahr bei Baisweil. Dann, am 1. Oktober 1926 begann er in Mindelheim seine Heilpraktikertätigkeit.

Es ist interessant zu sehen, wie er die letzten sechs Jahre im Raum Kaufbeuren-Mindelheim sozusagen seßhaft wurde, um »der Schmid von Mindelheim« zu werden.

Ohne eigentliche Heilpraktikerausbildung eine Heilpraxis zu eröffnen war damals noch möglich, allerdings ein riskantes Unternehmen. Vor der Öffentlichkeit war Schmid eben nur ein Melker. Er tat seinen Schritt gewiß nicht unbesonnen, vielmehr aus einer klaren Sicht und aus dem Bewußtsein, daß er tatsächlich durch Gebet und Segen heilen könne. Er hatte sich darin bewährt. Es war etwas weiteres im Laufe ihm zugewachsen: eine gewisse Hellsichtigkeit.

Es sei zum Teil eine natürliche Gabe aus dem Erbe der Familie gewesen, habe sich aber, wie er selber versicherte, aus der übernatürlichen Ebene weiterentfaltet. So spürte er schon seit Jahren manchen Todesfall in der Gemeinde voraus. Sein religiöses Leben war ganz folgerichtig gewachsen, denn mit Treue und Energie war er bestrebt, entsprechend dem Willen Gottes zu leben und aus der Kraft der Sakramente den Alltag zu bewältigen. So hatte er eine innere Sicherheit gewonnen, und eine stetig wachsende Kraft seines Betens und Segnens. Seine Berufung war es, aus innerer Gnade übernatürliche Kraft nach außen zu geben.

Den Kirchgängern in Mindelheim fiel der Zugereiste zuerst auf. Tag für Tag sah man ihn in die Frühmesse um halb sieben gehen, und immer kommunizierte er — als einziger Mann.

Nicht lange dauerte es, da wurde es mehr und mehr ruchbar, daß der neue Heilpraktiker seinen Patienten auf den Grund der Seele schaute. Mehreren ging es wie dem eingangs erwähnten Schustergesellen sowie dem Bäckergesellen Gruber. Doch konnte man es dem Mann nicht übel nehmen, denn man spürte, daß er aus Güte und Interesse am Patienten von seiner Hellsicht Gebrauch machte. Dennoch bewegte sich der selbsternannte Heilpraktiker wie auf dem Glatteis. Allzu leicht konnte er mit dem Gesetz auf irgend eine Weise in Konflikt geraten. Und das geschah gar bald.

## Vor dem Kadi

Anläßlich eines harmlosen Krankenbesuches kam Alois Schmid in Schwierigkeiten. Er wurde im Februar 1927 zu einer kranken Frau K. in Stetten gerufen. In der Familie herrschten große Streitigkeiten, und die Frau scheint eine unglückliche Veranlagung gehabt zu haben. Schmid behandelte die Frau und verabreichte ihr dabei eine Medizin. Sogleich zeigte ihn ein verwandter Geistlicher (S.) wegen Gaukelei an. Nun kam es zu einer ganzen Hetzjagd. Für die Ärzte war dies ein erwünschter Anlaß, über den Stallschweizer herzufallen. Im Mindelheimer Anzeigeblatt vom 10. März 1927 erschien ein ausführlicher Artikel gegen Schmid.
In den Mindelheimer Neuesten Nachrichten lautete am gleichen Tag eine Überschrift: »Eine Hexengeschichte und ihre Folgen.«

Was war geschehen? Das Mindelheimer Amtsgericht hatte den suspekten Heilpraktiker wegen Gaukelei zu vier Wochen Haft, und wegen unerlaubter Verabreichung einer Medizin noch zu einer weiteren Woche Haft verurteilt. Schmid legte Berufung ein.

Die Verhandlung fand bei der höheren Instanz in Memmingen statt. Der Verurteilte blieb nicht untätig. Gute Bekannte leisteten ihm Schützenhilfe. Sie empfahlen ihm, die Münchener Rechtsanwälte Seidenberger und Prof. Specht mit seiner Verteidigung zu beauftragen. Das tat Schmid.

Was das Gericht und das Publikum in Memmingen zu hören bekam, schlug wie eine Bombe ein. Der denunzierende Geistliche befand sich in Zivil im Saal. Ein guter Freund des Schmid (O. P.) berichtete darüber wörtlich:

»In einem dramatischem Höhepunkt seines Plädoyers rief der protestantische Rechtsanwalt: »Wenn heute ein katholischer Mann deshalb vor Gericht gezogen dasteht, weil er die Segenskraft des Kreuzzeichens und des Weihwassers voll ernst nimmt und dem glaubensvollen Gebet die Erhörung zuschreibt, dann sage ich, so Ihr ihn deshalb verurteilen wollt: Werft dann doch Eure Kreuze und Eure Weihwasserkessel aus Euren Häusern hinaus und hört auf zu beten!«

Daraufhin kam es zum Freispruch. Aber der Ruf Schmids war schwer angekratzt, bleibt doch bei jeder Verdächtigung oder gar Verleumdung immer etwas hängen. Außerdem stand der Habenichts

Schmid vor dem materiellen Ruin. Daß er wegen einer Übertretung der Gewerbeordnung 30 RM zahlen mußte, war leicht zu verschmerzen. Anders stand es mit der Hilfeleistung der hohen Herren aus München. Diese kam ihn auf 1043 RM zu stehen. Treue Freunde halfen und streckten ihm Geld vor.

Rechtlich war Alois Schmid durch das Memminger Urteil völlig rehabilitiert. Ob und wie weit die Öffentlichkeit und die Mindelheimer Tagespresse davon Notiz genommen hat, ist nicht mehr bekannt.

Dennoch erkannte Schmid, daß er so bald wie möglich das Heilpraktikerdiplom erwerben mußte. Er nahm die nächste sich bietende Gelegenheit wahr und besuchte in München einen Kurs. Das vermehrte zwar seine Schuldenlast, verschaffte ihm aber die Anerkennung als Heilpraktiker. Nunmehr konnte er anstandslos seine Heilkunst ausüben, auch mit Einsatz von Medikamenten.

Doch dem Alois Schmid ging es um weit Größeres als um die körperliche Gesundung der Patienten. Hat er nicht schon vor Weihnachten 1926 den Bäckergesellen Gruber auf einen neuen Weg gewiesen? Dieser junge Mann beherzigte Schmids Rat und Weisung. Er betete fortan inständig, und schon nach einem halben Jahr etwa war er sich klar darüber, daß er Priester werden solle. Da er immer wieder abends zu seinem Förderer kam, wurde er im persönlichen Gespräch weitergeführt, und im Spätsommer 1927 versuchten beide die Wege zum Ziel zu suchen. Sie ließen sich Prospekte kommen von dem jüngst eingerichteten Spätberufenenseminar in Fürstenried und tätigten die Anmeldung. Aber wie stand es mit der Finanzierung des Studiums? Darüber mag uns Gruber authentisch berichten:

»Inzwischen hat mich dann Alois Schmid wegen Unterstützung an folgende Adressen verwiesen. Er sagte zu mir: ›Jetzt gehst Du zuerst zum Stadtpfarrer in Mindelheim und fragst ihn, ob er Dein Studium unterstützen könne.‹

Der lehnte ab mit dem Bemerken: ›Dafür habe er keine Kasse.‹ Dann ging ich zu meinem Heimatpfarrers in Grönenbach mit demselben Anliegen. Der sagte zu mir: ›Schuster, bleib bei Deinem Leisten. Ich kann Dich nicht unterstützen.‹ Zuletzt ging ich nach Buxheim zu den Salesianern in diesem Anliegen. Auch ohne Erfolg. Alle drei haben meine Not nicht verstanden und haben mich abgewiesen. Wer wollte sich in der damaligen allgemeinen wirtschaftlichen Notlage auf ein Risiko einlassen? Niemand außer einem!

Darauf sagte dann Alois Schmid zu mir: ›So, das reicht mir jetzt. Du gehst nirgends mehr hin. Das Problem der Finanzen muß ich selber lösen.‹

Dann nahm er den Prospekt von Fürstenried, hielt ihn mit erhobener Hand zum Kreuz hin und sagte: ›Heiland, wenn Du willst, daß dieser Bub ein Priester wird, dann zahlst Du, und ich unterschreibe!‹

Ich begann dann mein Gymnasialstudium in Fürstenried.« (Nach einem Jahr wechselte er in die Stöckle'sche Privatschule in Bad Wörishofen.)

Was aber hat sich Schmid mit dieser seiner Entscheidung aufgeladen? Die Finanzierung des Studiums schlug doch monatlich mit rund 100 RM zur Kasse. Und das im Jahr 1927, wo er — wir sahen es — tief in den roten Zahlen stand. Was für einen Glaubensmut und Opfergeist hat dieser Mann aufgebracht! Wie erbärmlich stehen daneben die angegangenen kirchlichen Stellen. Freilich, die Not war damals wirklich groß, größer aber der Einsatz des glaubensstarken armen Schluckers in der Kaufbeurerstraße. So arm war er übrigens gar nicht. Nein, er war reich durch seinen Glauben. Allerdings hatte er im Frühjahr 1927 — wie erwähnt — einen schweren Kampf zu bestehen gehabt.

Die gehässigen Zeitungsartikel, überhaupt die Verleumdungskampagne hatten den empfindsamen Schmid tief verletzt. Die Fastenzeit jenes Jahres wurde ihm zum schweren Kreuzweg. Kaum jemand konnte ihm Trost spenden. Er trug in schweigender Einsamkeit seine ganze Bitterkeit vor Gott. Dank dieses Glaubensgeistes zerbrach er nicht. Im Gegenteil, er setzte sich durch. Denn Gott half ihm.


## Auf, zum Schmid nach Mindelheim!


Eigenartig war es schon, daß sich immer mehr Patienten beim Mindelheimer Schmid einfanden, seit er trotz seiner drückenden Schulden auch noch die Finanzierung seines Priesterkandidaten übernommen hatte. Bald mußte Alois Schmid in die Wörishofer Straße umziehen. Dort nämlich bekam er beim Schneider Sing einige Räume für seine Praxis zugewiesen. Ja, in den Jahren 1928/29 nahm die Zahl seiner Patienten derart zu, daß er an ein eigenes Haus denken mußte. Im Februar 1930 kaufte er aus diesem Grund in der gleichen Straße ein Haus für 15.000 Mark, fast zu einem erhöhten Preis. Aber er wollte die günstige Lage nicht verlieren. Zwei Wochen später kam dann zu ihm die sehr kränkliche Babette Dauner aus Wiedergeltingen. Er nahm sie auf, kurierte sie, und sie wurde fortan seine treue Hausgehilfin.

Trotz seiner großen Schulden, die der Hauskauf einbrachte, legte sich Schmid im Juni 1930 ein Auto zu. Es kostete 7.500 Mark.

Bisher hatte er seine auswärtigen Patienten per Motorrad versorgt, zuerst mit einem leichten Wanderer, später mit einem 500 ccm-Wanderer. Dabei war dazumal die Verzinsung ziemlich hoch. Später, in der Zeit des Dritten Reiches, bereiteten dem unverheirateten Alois Schmid die Sondersteuern großen Kummer. das Dritte Reich war nämlich von Anfang an auf die Vermehrung des Volkes bedacht. Es brauchte ja in den vorauszusehenden Kriegen Kanonenfutter und förderte deswegen die Ehe auf jede mögliche Weise. Die Unverheirateten aber wurden mit sehr empfindlichen Sondersteuern belegt. Diese trafen unseren Schmid auch sehr empfindlich und er seufzte darob des öfteren. Da rieten ihm gute Freunde, er solle doch seine Haushälterin Babette — zum Schein — heiraten. Es wäre ja auch eine Josefsehe möglich. Doch von solch krummen Touren wollte der geradlinige Alois Schmid nichts wissen. Er seufzte und zahlte weiter. Im übrigen setzte er Tag für Tag seine ganze Kraft ein, behandelte jeweils 80–100 Patienten mit Gewissenhaftigkeit und vertraute auf Gott — und tat Wohltaten. Wohl ein Drittel seiner Patienten behandelte er umsonst, manchen bezahlte er die Medikamente, und zuweilen noch das Fahrgeld, wenn sie recht arm waren. Sein Chaffeur und Buchhalter Anton Weser, der seit 1930 beim Schmid war, konnte die Großzügigkeit seines Chefs nicht begreifen und wurde darüber erbost angesichts der drückenden Schuldenlasten. Daß Schmids Schützling und wohl auch manche der Armen, die seine Wohltaten erfuhren, für ihren Wohltäter beteten, konnte er nicht wissen, auch nicht die alte, hundertfach bestätigte Weisheit, daß sich Gott nicht an Großmut übertreffen läßt.

## Wie das Schmidhaus gebaut wurde

Überraschend schnell war es soweit gekommen, daß Schmids Praxis aus allen Nähten platzte, was den Raum anging. Der erfolgreiche Heilpraktiker brauchte eben ein ganzes Haus. Er hatte Glück insofern, als sich die Gelegenheit bot, ein angrenzendes Gelände zu erwerben. Die Wahl des Architekten fiel nicht schwer. Da war dem Schmid immer auf seinem Kirchgang in der Frühe der junge Architekt Josef Ruf begegnet, gleich ihm ein Zugereister (aus Bayersried/Ursberg). Das war ein durchaus christlicher Mann, wie ihn Schmid brauchte. Auf fachlichem Gebiete hatte er schon Proben seines Könnens geliefert. Ihm konnte guten Gewissens das Projekt übertragen werden. Ruf sollte also das alte Haus erweitern.

Schwierigkeiten gab es noch mit der Vergabe der Arbeit. Dem Bauherrn war es ernst mit der Forderung, daß keinerlei Unsegen den Hausbau belaste. Von vornherein wurde die Abmachung getroffen: »*Wer flucht, der wird ausgestellt*«! Das galt für alle am Bau Beschäftigten. Dafür aber versorgte Schmid die Leute großzügig mit Getränken und Rauchwaren. Seine leutselige Art tat ein übriges. Damit gab Schmid ein Beispiel, das Nachahmung verdienen würde.

## Alois Schmids Tagewerk

Nicht bloß auf dem Dorf, sondern auch in der Kleinstadt wird ein neuer Nachbar genau beobachtet. Der zugezogene Heilpraktiker erregte die besondere Aufmerksamkeit seiner Umgebung. Er war unverheiratet und schien auch gar nicht an eine Ehe zu denken. Allmorgendlich sah man ihn zur Frühmesse um 6.30 Uhr in die Stadtpfarrkirche (gelegentlich auch in die Kapelle der Maristen) gehen. Die Kirchgänger bewunderten die tiefe Sammlung an diesem Mann während des ganzen Gottesdienstes. Sie kamen zum Urteil, das müsse ein tief religiöser Mensch sein. Täglich empfing er auch die heilige Kommunion, als einziger aus der Reihe der Männer.

Schon nach kurzer Zeit wurde Schmid auf den Spiritual und Religionslehrer bei den Maristen aufmerksam und er wählte ihn zu seinem Beichtvater.

Umgekehrt wurde Otto Portenlänger ein häufig und gern gesehener Gast im Schmidhaus nach Feierabend. Portenländer hat als erster der Mindelheimer Geistlichen erkannt, welch große Charismen der Heilpraktiker Schmid besaß. Ja, er durfte es selbst erleben, schon bei seiner ersten Begegnung mit Schmid, wie ihn dieser einfache Mann durchdringend anschaute und wie er selber bekannte, innerhalb einer Viertelstunde Wesen und Leben dieses tiefgläubigen Priesters analysierte. In der Folge hatte der Studienrat immer wieder Gelegenheit, die Tiefenschau Schmids kennenzulernen. Zu abendlichen Besuchen und Besprechungen mit Priestern erbat sich Schmid immer wieder die Anwesenheit Portenlängers.

Stand bei Alois Schmid eine ausgiebige Tagesweihe in Gebet und Kirchgang am Anfang seines Arbeitstages, so auch eine private Abendandacht als

Abschluß des Tages. Auch in den Zeiten der Hochkonjunktur, wo der letzte Patient lange nach Sonnenuntergang sein Haus verließ. Schmid begnügte sich all die Jahre hindurch mit einer kurzen Nachtruhe. Seine Kraft schöpfte er aus der Nähe mit Gott.


## Die offene Tür


Offiziell hielt Schmid in seiner Praxis drei Behandlungstage, Montag, Mittwoch und Freitag. Als der große Andrang einsetzte, kam er damit kaum mehr zurecht. Dann wurde eben die Arbeit weit in den Abend hinein ausgedehnt. Dazu kamen noch die auswärtigen Krankenbesuche. Für diese waren normalerweise die drei übrigen Wochentage reserviert. Übrigens versichern Schmids Vertraute, daß er auch bei Überbelastung jedermann die für ihn nötige Hinwendung zukommen ließ.

Immer war Alois Schmid darauf bedacht, das Übel an der Wurzel anzugehen. Längst bevor die medizinische Wissenschaft die psychogenen Faktoren aufs Korn nahm, praktizierte Schmid auf dieser Basis.

Gewöhnlich war die Wurzel des Übels dem oberflächlichen Blick verborgen, nicht aber dem Mindelheimer Schmid. Als Hauptübel erkannte sein scharfes Auge das gestörte Verhältnis zu Gott, und zwar in seiner individuellen Art, mochte eigene Schuld oder Schuld der Vorfahren vorliegen. Wie genau Schmid sozusagen den Seelenzustand wie in einem Röntgenbild erschaute, das hat nicht bloß jener Schustergeselle, von dem eingangs die Rede war, erfahren. Für seine Rückschau in die Vergangenheit kann Heribert Gruber als Beispiel dienen. Einige zusätzliche Beispiele seien aus der Erinnerung ausgegraben:

Da kam ins Sprechzimmer ein völlig unbekannter Patient. Schmid schaute ihn an und sagte: »Ach, Sie sind ein interessanter Mann, Sie stehlen ja! Langt es Ihnen nicht?«

Dann und wann brach der allgäuische Humor durch. Da stand ihm eines Tages ein schwäbischer Pfarrer gegenüber und redete, lebhaft gestikulierend auf den Schmid ein: »Herr Schmid, Sie sind einfach zu rigoros, Sie sind extrem, Sie verlangen von den Leuten zuviel.«

Schmid hörte das Lamento, geduldig, fast belustigt an. Dann begann er ebenso gestenreich: »Oh, Herr Pfarrer, schlafen Sie ruhig weiter. Bis Sie aufwachen, brennen Sie längst als Teufel in der Hölle!« — »Der ist verschrocken«, erzählte er gelegentlich schalkhaft.

Immer wieder geschah es, daß sich Schmid veranlaßt sah, sich von der strengen Seite her zu zeigen. Er tat das ganz furchtlos, wußte er doch, daß das den Patienten zum Heil war, wenn er auf innere Eingebung, also erleuchtet vom Heiligen Geist, ein hartes Wort sagen mußte. Da saß beispielsweise vor ihm ein sehr vornehm gekleideter Herr. Schmid herrschte ihn an: »Sie sind ein Satan. — Und wollen Sie wissen warum? — Sie verfolgen Christus und die Kirche.«

Angezeigt wurde Schmid wegen solcher Äußerungen niemals.

Manche nahmen es von vornherein in Kauf, daß ihnen eine ordentliche Zurechtweisung bevorstand. Doch der Ruf dieses Heilpraktikers war so groß, daß man sich eine Maßregelung gefallen ließ.

Allerdings war gelegentlich auch das kritische Wort vom »Mindelheimer Grobschmid« zu hören.

Wenn er, der scharfe Gegner des Nationalsozialismus ziemlich in Ruhe gelassen wurde, so erklärte sich dies zu einem Teil daraus, daß er zwei prominente Parteileute der Stadt zu Patienten hatte.

Die Aufsehen erregenden Erfolge Schmids zogen Massen von Hilfesuchenden an. An manchen Tagen sollen es bis zu 100 gewesen sein. Auch die Zahl der auswärtigen Patienten, die Schmid an ihrem Wohnort aufsuchte, wuchs zusehends. Ein ungefährer Einblick in Schmids Erfolge war einst aus seinen Karteikarten abzulesen. Aber diese so wichtigen Unterlagen sind spurlos verschwunden, höchst wahrscheinlich nach Schmids Tod von der Gestapo konfisziert und vernichtet worden. Aus gut beglaubigten Berichten über seine Heilerfolge soll im zweiten Teil unten ein Überblick gegeben werden. Von Interesse wäre zweifellos auch die Quote jener Fälle, wo ihm — abgesehen von Sühneleiden — ein Erfolg versagt war.

*Elternhaus von Alois Schmid in Hub*

*Wirkungsstätte von Alois Schmid als Heilpraktiker*

*Heimatgemeinde Rechtis*

# Seelsorger im Arztkittel

Vorrangig ging es Alois Schmid um die seelische Gesundheit des Mitmenschen als Voraussetzung dafür, daß jedermann Gottes Absichten und Pläne im betreffenden Menschenleben erfüllen könne. Gern widmete er sich aufgeschlossenen Patienten. Für sie hielt er seine Freizeit nach Praxisschluß bereit. Da konnten sie zu einer Nikodemusstunde kommen. Er widmete sich ihnen ganz, lud sie zum Abendessen ein und eröffnete ihnen Einblicke in ein christliches Leben und ihre Möglichkeiten.

Besonders willkommen waren ihm Ehepaare als Träger der christlichen Familie, noch willkommener aber waren ihm Priesterkandidaten und Priester. Er war sich ja zutiefst bewußt, welche Macht und welche Aufgabe und Verantwortung die Priester haben. Als Lohn für seine Bemühungen und zu Herzen gehende Unterweisungen erbat er für sich und sein Haus den priesterlichen Segen.

Schmids Gespräche mit den Priestern waren fern jeder Oberflächlichkeit. Sie trafen ins Schwarze. Gegebenenfalls sprach er auch Fraktur. Dafür ein Beispiel aus dem Jahr 1927/28 (laut Hugo Mayr — Jakob Ruf):

»Eines Tages kam ein Priester, ganz betrübt. Er klagte: ›Herr Schmid, ich habe ein Kehlkopfleiden. Ich komme gerade vom Arzt, aber mein Arzt gibt mir nur noch vier Tage zu leben. Was sagen Sie zu meinem Krankheitszustand?‹

Schmid sah ihn prüfend an und sagte dann: ›Ich gebe Ihnen auch nicht mehr. Es gibt Fälle, wo wir Menschen nicht mehr helfen können. Da muß man zu DEM gehen, DER immer helfen kann, zu GOTT: Sie sind Priester. An Ihrer Stelle — Sie sind Priester — ginge ich jetzt in die Kirche und kniete mich ein paar Stunden vor den Tabernakel und würde beten, wie ich noch nie im Leben gebetet habe.‹

Der kranke Priester befolgte den Rat. Er kniete noch am gleichen Tag stundenlang vor dem Tabernakel — und wurde wieder gesund. Er soll danach noch an die 40 Jahre gelebt und gewirkt haben.«

Auf solche Weise wies Schmid dem Priester den Weg zum beharrlichen, vertrauensvollen Gebet. Genauso wußte er um seine eigene Gebetsmacht. Ja, er war sich sogar des öfteren von vornherein der Erhörung sicher. Dafür folgendes Beispiel aus der gleichen Quelle:

»Eines Tages erhielt Schmid aus München den Anruf einer sehr gebildeten Frau (Dr. G.). Sie teilte mit, ihr Mann, ein höherer Beamter, sei sterbenskrank. Sie habe von ihm (Schmid) gehört und bitte ihn sehr zu kommen und ihren Mann zu besuchen. Dieser sei am Sterben, ein Katholik, habe aber lange Jahre nicht mehr praktiziert. Sie selber sei evangelisch, wolle aber, daß ihr Mann katholisch sterbe. Er habe alle Priester abgewiesen. —

›Sagen Sie mir, können Sie helfen?‹ — ›Ja, ich kann helfen‹, erklärte Schmid, als er im Flur empfangen wurde. Die Frau führte ihn ans Krankenlager. Schmid sprach den Kranken an. Dieser sagte —

wohl nach einer gewissen Zeit —: ›Rufen Sie mir einen Geistlichen!‹

Er empfing die Sakramente und starb eines guten Todes. Die Frau konvertierte bald danach.«

(Sofern dieser Bericht exakt der Wahrheit entspricht, gibt es aus der Theologie der Mystik eine Erklärung dahingehend, daß Schmid zuvor schon in diesem Anliegen gebetet hatte und sich innerlich der Erhörung bewußt geworden war.)

Jakob Ruf († 1994), der später, betreut von Alois Schmid, auch Priester wurde, befragte darüber diesen: »Herr Schmid, wie konnten Sie sagen, daß Sie helfen können?« Der Angesprochene vertraute ihm sein Geheimnis an: »Das ist das Geheimnis des Gerechten, der mit Gott lebt, der seine Sünden und Sündenstrafen schon abgebüßt hat.«

Das ist tatsächlich das Geheimnis der Gottesfreunde. Wenn sie den Weg der Läuterung durchschritten haben, erlangen sie eine ungewöhnliche Macht über das Herz Gottes.

Geschah derartiges nicht im Leben der hl. Katharina von Siena? Da wurden einmal an ihrem Haus vorbei zwei unbußfertige Verbrecher zur Hinrichtung geführt. Unterwegs wurden sie, wie es früher üblich war, gepeinigt. Dazu fluchten sie, was sie fluchen konnten. Die Heilige sah den Zug und hatte Mitleid mit den beiden. Sie begab sich ins Gebet, und die beiden Deliquenten bekehrten sich sogleich und starben mit Gott ausgesöhnt.

Oder: Der heilige Dominikus lernte in Bologna, der einst so berühmten Universitätsstadt einen jungen deutschen Studenten mit ausgezeichneten Geistesanlagen kennen. Den wünschte er sich als seinen Schüler. Er betete die Nacht hindurch. Am Morgen bat dieser Student an der Klosterpforte um Aufnahme — Albert der Große!

Ein noch viel frappanter Fall ist die Bekehrung des hl. Paulus nach einer Vision der gottseligen Anna Katharina Emmerick, die vielleicht doch Beachtung finden sollte. Die Mystikerin sah die Steinigung des Stephanus, bei der der junge Pharisäerschüler Saul die Kleider der Steinigenden bewachte. Saul sei, so die Visionärin, ein entfernter Verwandter des Stephanus gewesen. Dieser habe vor dem Tod die Bekehrung des jungen Mannes erbetet.

Ist diese Geschichte ein Hirngespinst einer alten Klosterfrau oder doch ein Blick in das gnadenvolle göttliche Walten? Solches Wissen und den Blick in den verschlossenen Garten (hortus conclusus) göttlichen Wirkens offenbart der Herr nicht den Weisen und Klugen dieser Welt, sondern den Kleinen, den Getreuen, genauer den »Einfältigen« (Lk 10,21) oder gar den »Unmündigen« (Mt 11,25).

Das Geheimnis des Gerechten, ja das war es, wovon Alois Schmid in seinem Innersten geprägt war. Davon kam seine Festigkeit, seine Energie und Geradlinigkeit. Seine Person und sein Wirken war durchflutet von der Gottverbundenheit. Davon kam seine starke Ausstrahlung, die die Menschen in seinen Bann zog. Hier waren seine Charismen, seine Hellsichtigkeit wie auch seine Heilkraft verwurzelt. Dabei blieb er der ungebrochene Allgäuer in Wort und Tat. Jegliche Diplomatie, Verstellung oder Heuchelei und Lüge waren ihm von Grund auf verhaßt. Dafür brach bei ihm gelegentlich ein Zug zur Grobheit durch als Abwehr. Er war sich dessen bewußt und es kostete ihn Mühe, dies zu überwinden. Leicht fiel es ihm, sich humorvoll zu geben. Man spürte es, daß er kein unglücklicher Mensch war. Helfen und heilen erkannte er als seinen eigentlichen Beruf. Als Dienst für Gott an den Mitmenschen.

## Alois Schmid und Heribert Gruber

Alois Schmid hatte es also trotz seiner prekären finanziellen Lage übernommen, für Grubers gesamtes Studium, angefangen vom Gymnasium, aufzukommen. Aber wo bot sich für einen Spätberuf damals eine Möglichkeit? Der Zugang zu einer höheren Schule war dazumal Schulentlassungen unmöglich, und Gruber zählte bereits nahezu 23 Jahre.
Nach einigem Suchen tat sich ein Lichtblick auf. In Fürstenried (München) war noch gar nicht lange ein Spätberufenenseminar eröffnet worden. In dieses trat nun Heribert zum 1. Mai 1929 ein. Doch

Programm und Struktur dieser Schule waren noch völlig unausgereift.

Der Grundgedanke an sich war gut: Man wollte womöglich in drei Jahren den Stoff der neun Gymnasialklassen durchpauken. Den jungen Männern konnte man, da sie einen entwickelten Verstand und Lebenserfahrung besaßen, weit mehr zumuten als den Schulbuben. Dabei übersah man aber, daß die Spätberufenen, die schon mehrere Jahre im Berufsleben standen, ihr Gedächnis verkümmern ließen. Daran scheiterten selbst Gutbegabte, auch Gruber, auch diese Schule selber.

So hatte also das mutig und hoffnungsvoll begonnene Studium schon nach einem Jahr ein Ende gefunden. Das Natürlichste wäre gewesen, daß Gruber wieder in die Backstube zurückgekehrt wäre.

Da wurde Alois Schmid von neuem sein Retter, und damit Retter seines Berufes. Schmid wußte gegen Hindernisse anzukämpfen. Er entdeckte schon bald einen Ausweg, vielmehr einen neuen Weg. In Bad Wörishofen bestand die Stöckle'sche Privatschule. Hier nun eignete sich Gruber das nötige wissenschaftliche Rüstzeug an. Im Frühjahr 1933 wechselte er in eine Privatschule in Mainz über, da sich dort die Möglichkeit bot, das Absolutorium im September zu machen, um dann im Oktober ins Priesterseminar eintreten zu können.

Der Protektor Alois Schmid stand wie ein Schutzengel ständig, wenn auch unsichtbar, hinter seinem Heribert, bis zuletzt. Oder läßt sich beim Abitur der Ablauf der mündlichen Prüfung in der Mathematik anders erklären? Dabei geschah folgendes: Heribert wurde an die Tafel gerufen und sollte eine etwas komplizierte Formel anschreiben. Davon aber hatte Heribert keine Ahnung. In diesem Moment wurde der Prüfer weggerufen. Es klopfte an der Tür. Er solle einen Moment herauskommen. Dieser ging sofort hinaus und schloß hinter sich die Tür — eine unverzeihliche Vorsichtigkeit! Augenblicklich flüsterten die anderen Prüflinge — soweit sie es wußten — die ganze Formel zu. Heribert schrieb sie an. Als der Prüfer wieder eintrat, warf er einen Blick auf die Tafel: »In Ordnung, — der Nächste!« Wenn da nicht geheime Schützenhilfe aus Mindelheim am Werk war! Heribert bestand das Absolutorium und konnte sich für das kommende Wintersemester im Priesterseminar in Dillingen/D. anmelden.

Mochte der Studiengang Grubers in mancher Hinsicht den Charakter der Notlösung an sich tragen, die humanistische Grundlage für die Theorie wurde auf jeden Fall in befriedigender Art gelegt, wohl besser als manchen Gymnasiasten unserer Tage. Noch bedeutsamer aber wurde für Gruber die Glaubensschule im Schmidhaus. Darüber kann keinerlei Zweifel bestehen. Auf diesem Weg erlangte der Studierende die nötige innere Sicherheit seines Berufes und die innige Verbindung und Vertiefung im religiösen Leben und einen tiefen Einblick in die Macht des Gebetes und des Segens und wurde der tiefgläubige Segenspriester, den später unzählige Hilfesuchende aufsuchten und Trost und Hilfe erfuhren.

Aus Grubers Studienzeit wissen wir eine Episode seiner Glaubensschule.

Es war im Sommer 1929, an einem sonnigen Nachmittag: »Wir (Schmid und ich) besuchten auf dem Weg von Pfronten — Weißbach her per Motorrad den Bruder meiner verstorbenen Mutter in Wertach. Als wir auf freier Strecke dahinfuhren, bildete sich ein Gewitter. Herr Schmid streckte die Hand aus und segnete das Gewölk. Nach ein paar Minuten war das Gewölk verschwunden. — Da war es auch, daß er plötzlich auf dem Weg anhielt. Er legte sich ins Gras und wurde ganz ernst. Es ging ihm das Geschlecht der Egelhofer — meine Mutter war eine Egelhofer — durch den Kopf. Er sprach von meiner verstorbenen Mutter, die 1907, ein Jahr nach meiner Geburt, mit 37 Jahren gestorben war. Er offenbarte mir Dinge, die ich nicht gewußt hatte. Es war offenbar eine Erleuchtung über das Leben meiner Mutter.«

Das bestandene Absolutorium und ein günstig lautendes pfarramtliches Führungszeugnis öffneten dem 27jährigen Gruber die Tore des Dillinger Priesterseminars. Daß er vom Schmid von Mindelheim kam, ja gewissermaßen dessen geistiger Adoptivsohn war, war keine sonderliche Empfehlung. Bei der Kirchenleitung der Augsburger Diözese war Alois nicht gut angeschrieben. Was die höheren Instanzen über diesen sonderbaren Heilpraktiker zu hören bekamen, mußte wohl den Verdacht nähren, daß das ein undurchsichtiger Sektierer war. Schmid tat dazu das seine: Er kritisierte die Erziehungsweise des Priesterseminars, da werde zu viel trokkene Theologie statt Einführung in ein lebendiges Glaubensleben geboten. Der Regens des Seminars soll sich zeitweise sogar mit dem Gedanken getragen haben, den Alumnus Gruber das Theologiestudium in Rom vollenden zu lassen. Wie verdächtig dem Diözesanbischof Josef Kumpfmüller Schmid war, bezeugt die Tatsache, daß der Bischof, als er in einem Berliner Krankenhaus war, an den Spiritual der Maristen in Mindelheim, Otto Portenlänger, Schmids Beichtvater, einen eigenen Brief schrieb mit dem Ansinnen, er solle sich vom Schmid distanzieren. Doch genug davon. War nicht einst auch Johann Michael Sailer arg verkannt worden!

Heribert Grubers Weg und Vorbereitung zum Priestertum wurde auch für Schmid eine zusätzliche Belastung in der Gestalt einer Wegbegleitung in Mitsorge, Mitopfern und Mitbeten. Mehr und mehr wuchs auch die Mitfreude, und der 26. Juni 1938 brachte durch Heriberts Priesterweihe in Dillingen die Vollendung. Dieser Sonntag war der große Tag im Leben Heriberts, es war auch der größte Tag im Leben des Alois Schmid.

Längst schon, vielleicht schon mit dem Tag der Diakonatsweihe seines Heribert, hatte Schmid begonnen, Vorbereitungen für die bevorstehende Primiz zu treffen. Diese sollte nach Schmids Willen eine Großkundgebung zur Verherrlichung des Priestertums werden. Wieder galt es Hindernisse aus dem Weg zu räumen, schon wegen des Ortes.

Mindelheim kam nicht in Frage. Die Stadtpfarrkirche war zu klein, und der Gedanke an eine Primizfeier im Freien mußte von vornherein ausscheiden. Auch Grönenbach, die Heimat des Primizianten, schied aus. Es war ja doch mit einer großen Anzahl von Teilnehmern aus Schmids Patientenkreis zu rechnen.

Das gab schließlich den Ausschlag. Schmid warf in seiner großzügigen Art seinen Blick auf die Basilika in Ottobeuren als die geeignete Primizkirche. Er erhielt mühelos die Zusage und machte sich daran, einen überaus prachtvollen Festgottesdienst vorzubereiten. Ohne jede Bedenken übernahm er sämtliche Kosten des ganzen Festes. Der Primiziant wurde außerdem bedacht mit priesterlichen Gewändern und mit einem vornehmen Primizkelch, dessen ausladender Fuß in getriebener Arbeit die Erlösungsgeheimnisse darstellte, wie sie Freund Portenlänger geplant und Josef Wiedenmann gezeichnet hatte.

Um alles trug Alois Schmid Sorge, selbst für Messevertretung in Mindelheim am Primiztag, wie der Verfasser in einem Gespräch mit Schmid ein paar Wochen vor dem Fest entnehmen konnte. Nur eine Sorge wurde ihm abgenommen. Die Organisation der Busse nach Ottobeuren hatten die Patienten selber in die Hand genommen.

Der Primiztag Grubers war der Sonntag, der 10. Juli. Der hochfeierliche Festgottesdienst in der wunderbaren Basilika wurde zu einer tief ergreifenden Feier und Verherrlichung des Priestertums.

36

Nicht wenig trug dazu bei die aus innerstem Glaubensgeist vorgetragene Festpredigt von Otto Portenlänger. Die riesige Basilika war so voll von andächtigen Betern und Pilgern wie selten, — es war ein großer Gnadentag, der weit ins Land hinein ausstrahlte. Für Alois Schmid und seinen Priestersohn war die Feier die große Taborstunde ihres Lebens. Freund Brunnhuber umrahmte die Opferfeier mit dem verstärkten Mindelheimer Kirchenchor. Zur Aufführung kam die berühmte Nicolaimesse.

Und doch! Nicht ganz zwei Jahre sollte es dauern, da brach die große Heimsuchung über beide herein, eine lebensbedrohende Krankheit Heriberts, das Lebensopfer des Alois Schmid, sodann die Verfolgung Heriberts und Portenlängers durch die damaligen Machthaber!

Doch nochmals zurück zum Primiztag. Wir Heutigen können ihn kaum mehr in seiner religiösen Bedeutung jener Zeit begreifen. Denn damals hatte der Kampf des Nazisozialismus gegen die Kirche, und das Christentum überhaupt, seinen Höhepunkt erreicht.

Die Jugend wurde von den braunen Organisationen erzogen und geformt. Katholische Schulen und Institute wurden lahmgelegt und vernichtet. Das religiöse Leben und seine Sprache wurde verfälscht, des religiösen Gehaltes entkleidet. Es gab nunmehr Feierstunden im neuen Geist, Weihen, Wallfahrten und dergleichen mehr. All dies war dazu angetan, den christlichen Glauben aus dem Bewußtsein des Volkes zu drängen. Alles Christliche sollte aus dem Bewußtsein des Volkes verschwinden.

Aus dieser Situation heraus wollte Alois Schmid mit einer großen Primizfeier ein Zeichen setzen und den Leuten bewußt machen, daß die Kirche noch lebt. Nicht überall verstand man Schmids wirkliches Wollen. Vielen Laien, auch manchen Geistlichen schien die ganze Aufmachung eine Protzerei, eine unnütze Großtuerei. Sonderbarerweise glaubten manche Leute in Mindelheim, Schmid sei ein reicher Mann. Es wurde sogar kolportiert, er sei der zweitreichste Mann von Mindelheim. Nichts war verkehrter als solches Geschwätz. Schmid hat sich mit dieser Primiz in Schulden gestürzt, mit denen er erst im März 1940 fertig wurde, wie er einigen Vertrauten erzählte. Daß er einem jungen Mann den Weg zum Priestertum auftun durfte, war dem frommen Mann Erfüllung seines Lebens. Vielleicht litt er insgeheim darunter, daß ihm selber dieser Weg nicht offen gestanden hatte. Möglicherweise ist das das Geheimnis, daß er sich so eifrig der Priester annahm und alles aufbot, sie in der Treue zu ihrem hohen Beruf zu festigen und zu fördern.

# Alois Schmid — der verkannte Prophet

In einer Provinzstadt wie Mindelheim war vor dem großen Krieg jeder »Zugereiste« eine mehr oder weniger beachtete Randfigur. Dies war zunächst auch Schmids Schicksal. Seine frappante Menschenkenntnis, verbunden mit Heilerfolgen, die immerhin sehr beachtlich waren, machten schließlich auf ihn aufmerksam. Dennoch blieb der Fremde für die Alteingesessenen, zumal den selbstbewußten Bürgern, ein Niemand.

Sehr schmerzhaft muß es den langsam aufkommenen Heilpraktiker getroffen haben, daß er keinerlei Echo fand bei den Kirchenmännern der Stadt. Erst 1934 kam Otto Portenlänger als Studienrat und Religionslehrer an die Mindelheimer Maristenschule. Dieser aber war ein Mann mit offenem und objektivem Blick und erkannte nach kurzer Zeit, was und wer dieser Alois Schmid war. Es dauerte gar nicht lange, und er knüpfte Beziehungen mit Schmid an, kam sogar sehr oft ins Schmidhaus. Auch andere Geistliche fanden sich ein, und jeder, der guten Willens war, wurde willkommen geheißen.

Unter den gebildeten Laien war es zuerst der liberale Oberlehrer Josef Brunnhuber, der seelisch zerrissen seinen Fuß über die Schwelle des Schmidhauses setzte, sich bekehrte und ein aufrechter Bekenner wurde, dafür aber von den Braunen drangsaliert wurde. Er wurde als Rektor abgesetzt und strafversetzt. Als Aufgabe wurde ihm belassen,

Unterricht zu geben in der ersten und zweiten Klasse. Als aber nach dem Zusammenbruch der Umschwung kam, konnte der Rehabilitierte dank der geistigen Schulung beim Schmid in einer sehr gehobenen Position wesentlich am Neuaufbau der Volksschulen eingesetzt werden, zuletzt als Schulrat bei der Regierung in Augsburg.

Noch vor dem genannten Lehrer hatte ein junger Architekt, Josef Ruf, gleichfalls ein Zugereister, mit seiner Frau einen innigen Kontakt mit Alois Schmid gefunden. Die Geschichte dieser Bekanntschaft hat er viele Jahre später seinen Kindern in einem ausführlichen Bericht als Weihnachtsgabe zukommen lassen. Was er da mitteilt, ist etwas überschwänglich, eben der Reflex der in die Tiefe gehenden Worte Schmids, in denen das flaue Gewohnheitschristentum demaskiert und ein starker Impuls zum echten christlichen Leben mitgeteilt wird. Gekürzt sei dieser Bericht hier mitgeteilt:

## Josef Rufs Weg zu Alois Schmid — ein persönliches Bekenntnis: Josef Rufs

Zu ihm sind die Menschen geströmt, um von ihren Krankheiten und Gebrechen geheilt und von allen bösgeistigen Einflüssen befreit zu werden, um den Frieden in ihren Familien zu haben sowie Glück und Segen für Hab und Gut, im Beruf, und im besonderen, Glück im Stall und Wohlgedeihen der Felder. Aber auch viele Priester und Geistesmenschen kamen zu ihm, um von ihm die Weisheit, Wahrheit, Gerechtigkeit und Kunde von der allumfassenden Liebe Gottes zu erfahren. Seine große Liebe aber galt im besonderen den Priestern, um ihnen die Berufung, die Auserwählung und die Würde des Priestertums aufzuzeigen und klar und lebendig zu machen, daß sie wie ein zweiter Christus wirken können, um all die unermeßlichen Geheimnisse Gottes zu verwalten und auszuteilen.

## Meine Begegnung mit ihm

Als ich mit der Mama im Mai des Jahres 1935 nach Mindelheim kam, ist uns Alois Schmid bald aufgefallen, da er damals wie wir täglich um 6.15 Uhr in der Hauskapelle der Maristen die heilige Messe mitfeierte und zur hl. Kommunion ging. Seine Erscheinung und Haltung hatten etwas Ehrfurchtgebietendes an sich. So betrachteten wir ihn all die folgenden Jahre mit großer Ehrfurcht als Mann Gottes, zumal wir beobachteten, daß er mit vielen Priestern Umgang hatte und zwei Gottesmänner unserer Nachbarschaft, Otto Portenlänger, Spiritual bei den Maristenschulbrüdern, und Oberlehrer Josef Brunnhuber (beide später unsere lieben Freunde) zu seinen Freunden zählte.

Im Jahre 1938 bauten wir unser Haus in der Beethovenstraße am Hungerbach. Am Südgiebel schuf der spätere liebe Freund und Priester Josef Wiedenmann, das Bild vom hl. Erzengel Michael, wie er den Drachen besiegt und mit seinem Schild mit der Aufschrift ›Quis ut Deus‹ das Haus und die darin wohnenden Menschen abschirmt; dargestellt bin ich am Zeichentisch, Mama mit Maria auf dem Arm, auf einer Wiege sitzend, Josef und Carl spielend.

Josef Wiedenmann war Lehrer. Ihn hat Alois Schmid zum Priestertum geführt. So war also auch er sein Freund. Demzufolge kam Alois Schmid, es war Ende September 1938, Maria war gerade erst zwei Wochen alt, zu uns, um das entstehende Bild in Keim'scher Mineralfarbentechnik zu besichtigen. In seiner Begleitung war Herr Apotheker Mutzbaur aus Wörishofen. Es war uns eine große Freude und Ehre, als Alois Schmid nach Besichtigung der Malerei ins Haus kam und am Familientisch Platz nahm und Maria in ihrer Wiege bewunderte. Er hatte für Mama im besonderen anerkennende Worte und gab Ratschläge. So war es uns eine große Freude, daß durch diesen Besuch, den natürlich Josef Wiedenmann vermittelt hatte, ein persönlicher Kontakt zu dem von uns so sehr geschätzten Mann hergestellt war.

## Mein Weg zu Alois Schmid

Nun dauerte es nicht mehr lange, nur wenige Monate, da bekam Mama die Schlafkrankheit. Da sie aber mit dem Haushalt und drei Kindern allerhand Arbeit hatte, ging es doch nicht an , einfach zu schlafen. Also mußte ein Arzt aufgesucht werden. Wir entschieden uns natürlich für Alois Schmid. So gingen wir eines Abends zu ihm in die Praxis. Es war bei ihm um diese Zeit nicht mehr allzuviel los. Aber beide Wartezimmer waren noch voller Patienten. Ich selber wartete im Flur. Als Mama ins zweite Wartezimmer kam und dort Platz nahm, kam Alois Schmid alsbald von seinem Sprechzimmer herüber, um den nächsten Patienten zu holen. Als er Mama sah, begrüßte er sie sofort und fragte, ob ihr Mann auch da sei. Als Mama dies bejahte, kam er mit ihr auf den Flur und führte uns in sein kleines Eßzimmer (mein heutiges Arbeitszimmer). Er sagte, wir sollten uns setzen und nur zuhören. Er selbst entfernte sich wieder. Im Zimmer waren Herr Spiritual Portenlänger und einige Priester, die theologische Gespräche führten.
Alois Schmid kam in einigen Zeitabständen herein, hörte kurz zu und gab prägnante, klärende Worte. Es war sehr spät am Abend, als Alois Schmid den letzten Patienten verabschiedete und sich dann zu uns setzte.
Von jetzt an war es sehr interessant, denn er hatte für alle Fragen und Probleme immer die richtige Antwort und wir staunten, daß ein Laie über Dinge des Reiches Gottes besser Bescheid wußte, als ein Priester. Es war wohl gegen Mitternacht, als wir uns verabschiedeten. Alois Schmid begleitete uns zur Haustüre. Ehe wir Abschied nahmen, brachte ich noch bescheiden unser Anliegen vor. Das sagte uns Alois Schmid, die Ursache dieser Schlafkrankheit der Mama sei ein Kind, das sie inzwischen empfangen habe, die Krankeheit werde aber in drei Tagen vorbei sein. Zu mir sagte er, ich möchte sooft wie möglich zu ihm kommen, ich bräuchte keine Angst haben vor den Priestern,

Theologen und Gebetsmännern, denn ich sollte nur zuhören, was gesprochen wird.

Wir freuten uns zu hören, daß ein neues Kindlein im Kommen war und stellten dann fest, daß die Schlafkrankheit wie weggeblasen war. Wir waren froh und glücklich über diese Begegnung; es war, als ob uns plötzlich ein großes Licht leuchte. Später sagte mir A. Schmid, wie es zu dieser Begegnung kam. Auch er hatte ein Auge auf mich geworfen und ebenfalls durch den täglichen Besuch der hl. Messe kennengelernt. Uns so betete er eines Tages: Herr, schau, da ist ein junger Mann, der es recht machen will. Aber er kennt den Weg nicht. Schicke ihn zu mir, auf daß ich ihm den Weg weisen kann. Aber du brauchst ihn deshalb nicht krank werden lassen.

## Bei Alois Schmid

Erst war ich etwas schüchtern und zögernd an den Sonntagen zu Alois Schmid gekommen, dann aber Abend für Abend, und oft rief er mich tagsüber an, um mir bestimmte Krankheitsfälle zu schildern.

Als dann im September 1939 der Zweite Weltkrieg losging, wurde sein Auto beschlagnahmt. So sprang ich oft ein und fuhr ihn zu seinen auswärtigen Patienten, bis ich im Dezember 1939 selbst eingezogen wurde.

Ab 1. April 1940 war ich wieder daheim und konnte weiterhin Tag um Tag bei Alois Schmid sein und ihm meine Dienste mit meinem kleinen DKW anbieten. Gerade diese paar Wochen bzw. Monate bis zu seinem Heimgang am 16. Juni 1940 waren für mich eine große Gnade. Ich durfte doch in mehr als einem Jahr Alois Schmid kennenlernen, wie er wirklich war, und ich durfte an seiner Hand einen Weg gehen, der ganz einfach zu Gott hinführte. Er selbst sagte zu mir, er habe mich aus meinem Geschlecht heraus auf einen ganz neuen Weg geführt, auf ein neues Fundament gestellt. Er habe mir viel gegeben, was ich jetzt nicht verstehe, das mir aber erst im Lauf meines Lebens aufleuchten werde. Diese prophetischen Worte haben sich bis heute erfüllt und erfüllen sich immer noch. Bis heute stehen mir seine Worte lebendig vor mir und sind mir Licht und Halt und Freude.

Alois Schmid sagte mir, er habe mir viel gegeben und habe dies nur deswegen tun können, weil ich mit meinem Verstand ihm keine Zweifel engegengesetzt habe. Er gab mir Beispiele von Theologen und gelehrten Männern, denen er auch alles geben wollte, aber sie verhinderten dies, weil sie mit ihrem Verstand alles begreifen wollten. Damit zerpflückten sie alles, so daß die geistigen Werte dann wie welkes und dürres Laub abfielen.

All das, was ich bei Alois Schmid erlebte und von ihm erhielt aufzuschreiben, ist sehr schwer. Es ist schlechthin zu meinem Lebensinhalt geworden. Ich will versuchen, wenigstens einige Wesensmerkmale zu notieren.

## Der große Helfer der Menschen

Alois Schmid war Heilpraktiker, und da ich ihn, wie schon erwähnt, zu den Patienten gefahren habe, hat er mir auch über Krankheiten, ihre Ursache, Wirkung und Heilung vieles erzählt. Vor allem aber sah ich, mit welcher Liebe er sich all den vielen Kranken, Armen und Notleidenden widmete. Drei Tage in der Woche hielt er daheim Sprechstunde. In diesen Tagen kamen in der Regel 80 und mehr Menschen, um bei ihm Hilfe zu suchen. Es waren in der Regel schwierige Fälle, die schon mehrere Ärzte ergebnislos absolviert hatten. Das waren oft sehr schwierige Fälle und er sagte zu mir, wenn sie halt gleich zu ihm gekommen wären, hätte er wohl helfen können. So aber war meist nur eine Linderung, aber keine Heilung möglich. Andere wieder glaubten seinen Anweisungen nicht, und hier sagte er oft und oft: »Was könnte ich helfen, wenn die Menschen mir glauben würden.«

Ein großes Anliegen war es ihm, bei seinen Patienten das rechte Verhältnis zu Gott wiederherzustellen. Ich hörte ihn einmal zu zwei Verlobten sagen, daß es sinnlos sei, zum Schmid zu gehen, wenn sie ihr sündiges intimes Verhältnis nicht aufgäben. An den Sprechtagen hat sich A. Schmid von der Frühe bis oft in die Mitternacht seinen Patienten mit Hingabe gewidmet, und seine Erfolge waren groß.

Ich habe auch den Verdacht, daß er viele Krankheiten heilte durch freiwillige Sühne, die er auf sich nahm. Denn als er gestorben war, kamen oft Menschen zu mir, da ich doch in seinem

Haus wohnen und arbeiten durfte, und erzählten mir, wie sie oft wunderbar durch ihn geheilt wurden, oft nur mittels eines fernmündlichen Anrufes. Manchen sagte er, sie bräuchten nicht zu ihm kommen, sie würden auch so wieder gesund. Außerdem verriet er mir einmal, daß niemand wisse, was er leide.

Nach meinen Beobachtungen hatte A. Schmid auch eine tiefe Herzenskenntnis. Darum sagte ich ihm einmal, ich hätte immer den Eindruck, wenn ich vor ihm stehe, als ob er mich völlig durchschaue. Darauf lachte er nur. Er sah den Menschen in seinem Verhältnis zu Gott. Er erkannte den Grund der Krankheiten und wußte wohl auch den Weg der Heilung, der eben oft nur über die Sühne möglich war. Stets versuchte er, den Menschen ein geordnetes Leben in Harmonie mit Gott zu vermitteln, damit nicht nur der Leib, sondern auch die Seele geheilt werde.

Vor allem lernte ich lieben und kennen, was Kirche Christi ist, der mystische Leib unseres Herrn. Ich lernte kennen, wer der Herr und Heiland Jesus Christus ist, der seine Kirche aus Liebe zu uns Menschen gegründet und mit seinem Herzblut durchfurcht hat. Und mit Ihm, dem Erlöser, durfte ich Einblick nehmen in das Wirken des himmlischen Vaters, und ich durfte lernen, daß wir einen liebenden Gott zum Vater haben. Oft sagte er, wenn Menschen über ihr Schicksal jammerten: »Herr ist unser Herrgott, und im Namen Jesu siegen wir.«

Was ganz neu war, das war das Kennenlernen des Wirkens des Heiligen Geistes. Schmid war ja ein Mann des Heiligen Geistes. In ihm sprühte gleichsam das Feuer des Heiligen Geistes. Sah er doch alles mit dem geistigen Auge, auch das gewaltige Geisteswirken sowohl der himmlischen wie auch der höllischen Geister. Er hatte die Kenntnis der Geisterscheidung. Wie oft klagte er, daß die Kirche, und vor allem die Bischöfe und Priester, ihre von Gott gegebene Vollmacht gegen die bösen Geister nicht nützten, um sie zu bannen und in den Abgrund zurückzuwerfen. Und wie war er traurig, weil allzu viele Priester an den Geisteskampf und an die Macht des Bösen nicht glaubten. Wie viele lächelten über ihn oder kehrten ihm den Rücken.

# Der Freund der Priester

Alois Schmid hatte eine ganz tiefe Erkenntnis über das Priestertum. Wie ehrte er jeden Priester und ging vor dem Priester, in dem er immer Christus sah, in die Knie. Nie kritisierte er einen Priester und eindringlich sagte er mir, daß ich nie einen Priester kritisieren oder abfällig beurteilen solle, weil wir nie die Ursache für ihr Verhalten kennen. Es komme daher, daß für die Priester zu wenig gebetet werde. Und so mahnte er, man solle viel für die Priester beten.

Soweit Josef Ruf. Zum zuletzt berührten Punkt der Kritik an Priestern ist dem Verfasser ein Wort Schmids in steter Erinnerung geblieben. Schmid verbot nicht jede Kritik des Menschen am Priester, sagte aber mit Ernst, man müsse jedesmal hinzufügen: »Die Weihe ausgenommen«. Auf diese Weise versündige man sich nicht. (Diese Klausel pflegten übrigens die älteren Leute zu gebrauchen.)
Es ist ein Glücksfall, daß der Architekt Ruf, einer der Vertrautesten des Alois Schmid in seinen letzten beiden Lebensjahren, diesen lebendigen Bericht geschrieben hat.
So echt und lebensnah ist Schmid sonst nirgends mehr dargestellt. Dafür gebührt ihm, der 1991 gestorben ist, posthum Dank. Dank sei aber auch der Familie, besonders Herr Dr. Carl Ruf (Sohn) gesagt für die Bereitschaft, diese familiäre Kostbarkeit der Veröffentlichung zuzugestehen.

# Der »Schmidkreis«

Daß zur Abendzeit außer den Patienten auch Besuche kamen, vorwiegend Geistliche, und zwar gelegentlich oder auch regelmäßig, um sich religiös zu vertiefen, davon hat Josef Ruf schon berichtet.
Allen, die da kamen, war es ernst um die wichtigen religiösen, pastoralen und beruflichen Fragen. Kaum jemand verließ das Haus, ohne neue Anregungen erfahren zu haben. Da Schmid meist noch mit der Behandlung von Patienten beschäftigt war, bestellte er von seinen Vertrautesten jene, die bereit und fähig waren, die Gespräche im Sinn des Hausherrn zu leiten. Das war in erster Linie Otto Portenlänger, vielfach aber auch Josef Brunnhuber, der erstere als gut gebildeter Theologe, der zweite als sehr einfühlsamer Gesprächspartner. Oft war es, als erriete der Oberlehrer die unausgesprochenen Probleme der Anwesenden; oder war auf ihn etwas von der Hellsichtigkeit Schmids übergegangen?
Wie dachte und redete man in der Stadt und Umgebung von diesen abendlichen Zusammenkünften im Schmid'schen Eßzimmer? Schon bald fand sich dafür die Benennung »Schmidkreis.
Nicht wenige sahen darin etwas Exklusives mitgemeint. Das aber war völlig falsch. Es war in keiner Weise eine Clique. Jedermann von aufrechter Gesinnung konnte daran teilnehmen, ganz ungezwungen und nach Möglichkeit. Nicht wenige Geistliche und Ordensleute waren dafür dankbar,

daß ihnen bei solcher Gelegenheit eine Klarsicht und innere Festigkeit vermittelt wurde. Die Gespräche vermittelten selbst erfahrenen Seelsorgern Wege einer Neuorientierung und Zuversicht für ihr pastorales Arbeiten. Allerdings geschah es auch, daß vorwiegend Außenstehende sich aufgescheucht fühlten und nicht so ohne weiteres bereit waren, ihre festgefahrenen Gewohnheiten und Geleise zu überprüfen. So kam es gelegentlich auch zu negativen Reaktionen. Immer aber wußte Schmid, wenn er gerade dazu kam und eingriff, die Situation zu meistern.

Mehrfach führte Alois Schmid junge Männer zum Priestertum. Seine Person, sein Wort und seine Offenheit imponierten ideal gesinnten Jungmännern und zeigten ihnen den Weg zu einem frohen, tatkräftigen, ja kraftbeladenen Christentum und ein dementsprechendes Priesterbild. Trotzdem begegnete Schmid, wie schon erwähnt, vielfach kleinlicher Nörgelei und Mißgunst. Gewiß, es wäre Schmid in jeder anderen Provinzstadt damals um kein Haar besser ergangen.

Daß er von den Verantwortlichen der Kirche mißverstanden wurde, tat Schmid in der innersten Seele weh. Man muß es offen sagen, daß man großenteils damals allzu kleinlich dachte und reagierte. Wer aus ehrlicher Gesinnung ein kritisches Wort wagte, machte sich verdächtig, mochte er Leon Bloy oder Alois Schmid heißen. Wie schnell hat sich nach dem Zusammenbruch (1945) das Blatt gewendet, auch in den Priesterseminarien! Die so notwendige Vertiefung der Spiritualität blieb in Ansätzen stecken. Zu sehr faszinierte das Wirtschaftswunder und ein neues Zeit- und Weltgefühl das schließlich in einem revolutionären Umbruch bedrohliche Gestalt annahm. Wie gut wäre da immer wieder ein klärendes Wort des Alois Schmid gewesen!

## Alois Schmid als charismatischer Erzieher

Es ist nicht zu viel gesagt, wenn man behauptet, Alois Schmid stelle ein Phänomen in der gesamten Hagiographie dar. Nur von wenigen Heiligen ist irgendwie bekannt, daß sie Zusammenhänge der seelischen Konstitution ihrer Mitmenschen auf Grund einer übernatürlichen Vererbung, wenn man es so nennen darf, erkannt und in hohem Maße korrigiert haben. Es ist beachtlich, daß A. Schmid schon 1926 über diese Gabe verfügte, wie der Fall Heribert Gruber beweist. Hat er unrecht gehandelt, wenn er, um diese seine Gabe wissend, sich als Heilpraktiker betätigen wollte?
Im Gegenteil: Es ist diesem einfachen Mann hoch anzurechnen, daß er seine charismatischen Kräfte in den Dienst der Heilung, der leiblichen und seelischen Heilung stellte, was nur wenigen Gottbegnadeten möglich ist.

Über seine persönliche heilende Arbeit hat Schmid außerdem vielen Menschen den Weg der seelischen Gesundung gewiesen, indem er konkrete Wege aufzeigte, wie der Mensch von Hemmungen frei wird, denen er unterlegen ist. Er zeigte den Weg der Sühne auf und lehrte die Aufnahmebereiten, den Weg der Sühne zu beschreiten, indem sie täglich über das gewöhliche Gebetspensum ihres Berufes hinaus in besonderer Weise das Leiden Christi verehrten, um Sühne zu leisten für das, was sie selber oder die Ahnen gefehlt und dadurch das Gnadenwerk in ihrer Seele gestört oder gar zerstört hatten. Theologisch ist diese Lehre völlig in Ordnung, in der Praxis leider vielfach ignoriert worden, zum unermeßlichen Schaden des betreffenden Menschen selber, aber auch des geheimnisvollen Leibes Christi.

Alois Schmid, es war eine Großtat, daß Du diese Grundwahrheiten neu erweckt hast oder vielmehr unserem Volk vertieft bewußt werden ließest.

Gerade für die geistlichen Berufe, für ihre Entfaltung und Ausreifung ist solches Wissen von grundlegender Bedeutung.

Alois Schmid war allerdings hellsichtig genug und erfuhr es immer wieder, daß nicht alle genug Kraft besitzen, sich aus unheilvollen Verstrickungen zu lösen. Da sprang er oft helfend ein. Er wußte aber auch um die Kraft des Priestersegens, gerade hier. Darum schätzte er ihn so sehr.

Dem Alltagsmenschen, der zu wenig zu Gott hin offen ist, kann es geschehen, daß er gar nicht mehr spürt, wo und wie weit es bei ihm fehlt. So kam eines Abends ein Pfarrer ins Schmidhaus ins Eßzimmer zur Besprechung und sprudelte wohlgelaunt hervor: »Ich habe nicht viel Arbeit.« Darauf Schmid: »Sie haben nicht viel Arbeit? Haben Sie sich um die Abständigen in Ihrer Pfarrei bemüht, haben Sie ...?« Er nahm ihn dann in sein Sprechzimmer und sprach gewiß ernste Worte mit dem betriebsblinden Seelsorger. Mit Ernst redete er auch Ordensleuten ins Gewissen: »Sie müssen Ihre Gelübde erfüllen, und zwar genau!« Das war freilich eine Binsenwahrheit, aber doch das Wesentliche, von dem der Mensch allzuleicht Abstriche zu machen versucht ist.

Verheirateten brachte er, der Unverheiratete, wichtige Wahrheiten mit Nachdruck zum Bewußtsein. Er sprach über die eheliche Liebe aus christlichem Geist. Er legte dar, ihre große, erhabene Aufgabe sei die Kinderzeugung. Sie müßten sich aber auf den Zeugungsakt vorbereiten mit Gebet und Fasten. Sie sollten die Kinder als Gottesgeschenke betrachten und sie für Gott und Gottes Reich erziehen. Mit begeisternden Worten vermochte Alois Schmid den Eheleuten das Ideal und die hohe Würde der christlichen Familie vorzustellen. Seine Worte, ganz aus der Wahrheit gesprochen, fielen da und dort auf fruchtbaren Grund. Ja, sie sind mehrfach noch heute lebendige Impulse in guten christlichen Familien.

Wie manches Familienkreuz hat Schmid gemildert oder weggenommen! Kranken Kindern war er besonders zugetan. Ihnen widmete er viel Zeit und mühte sich um sie immer wieder. Auch in fast aussichtslosen Fällen tat er so viel wie er nur konnte. Ein ausführliches Beispiel soll später vorgeführt werden.

Der Gottesfreund erkannte auch, wo ein Sühneleiden vorlag. Auch andere Leiden, die übernatürlich verursacht waren, Strafen für Sünden oder Folgen von Verfluchungen, sah das übernatürliche Auge Schmids und wußte, daß da mit Apothekerrezepten oder irgendwelcher Therapie nichts auszurichten war. In nicht wenigen Fällen nahm er die stellvertetende Sühne auf sich. Aus Schmids Bekanntenkreis war zu erfahren, daß er zeitweise zähneklappernd für ein paar Minuten in einer Ecke saß, bis der unsichtbare Sturm vorüber war. Dann erst vermochte er sich heilend einzusetzen.

Die früheren Generationen wußten um solche Zusammenhänge. Sie wußten aber auch um die Möglichkeit der Befreiung. Sie beteten Bußgebete, machten Wallfahrten auf weiten und mühsamen Wegen, »verlobten sich«, d. h. sie machten Gelübde. So erreichten sie Hilfe und Heilung.

Die vielen Votivtäfelchen in unseren Wallfahrtskirchen bekunden das eindrucksvoll, glücklicherweise nicht bloß für die Vergangenheit, sondern ebenso für unsere Tage, wenn man die Jahreszahlen von 1990 und weiter lesen kann. Bezüglich der Strafleiden aber sei erinnert an Jesu Wort an den 38jährigen Kranken (Joh 5,14): »Sündige nun nicht mehr, damit dir nicht Schlimmeres widerfahre!«

# Das Innenleben des Alois Schmid

»Mit Zagen, mit der Zurückhaltung der Ehrfurcht und mit dem Bewußtsein der gezogenen Grenzen wage ich es, dem Geheimnis des inneren Lebens des Alois Schmid zu nahen. Von vornherein sei das Maß aufgezeigt: *das Letzte bleibt Geheimnis*.«

So schrieb einleitend der erste Biograph, Otto Portenlänger, jener Mann, der den Alois Schmid wie ganz wenige kannte. Zusätzlich steht dabei die stenographische Notiz: »*Die Zeit ist noch nicht reif, um gewisse Niederschriften über sein Innerstes zu veröffentlichen.*«

All dessen muß man sich bewußt sein, wenn man daran geht, die wahrnehmbaren Konturen des geistigen Charakterbildes dieses einzigartigen Mannes aus seiner Lebensgeschichte herauszulösen.

Dem Schulbuben Alois Schmid kam zugute, daß er in seinem Heimatpfarrer einen vortrefflichen Lehrer und Führer in die Welt des Religiösen fand; wir sprachen schon davon. Nicht zu übersehen ist, daß schon von der Familie her ein gediegener Grund gelegt worden war.

So hat die göttliche Vorsehung von Anfang an ihre schützende Hand über diesen Auserwählten gehalten. Noch mehr: Schon vor Generationen müssen gewisse Gnaden vorbereitet gewesen sein, wie solches ja oft im Leben von Gottesfreunden geschah.

In den Jahren der Reifung hat den jungen Mann ein spezieller Anruf Gottes getroffen und die Richtung seines Lebens bestimmt. Ein intensives religiöses Leben, genährt von Gebet und häufigem Sakramentenempfang tat ein weiteres auf der Grundlage einer bäuerlich-konservativen Grundhaltung, die gegebenenfalls zu jedem Einsatz bereit war. So wurde Alois Schmid zum Mann des felsenfesten Glaubens, der befähigt war, konsequent aus der bewußten Verbindung mit Gott zu wirken — ähnlich einem Niklaus Wolf von Rippertschwand in der Schweiz.

Vielleicht rühren wir an eine verborgenste Wurzel, wenn wir der Meinung Ausdruck geben, Alois Schmid sei eine Schau der Urgeheimnisse der Schöpfung und ihrer Ordnungen eigen gewesen, auch eine Schau der innersten Zustände der Seelen, auch des Zustandes der einzelnen Seelen nach dem Tod. Nicht zuletzt aber verfügte er über eine Schau des Wirkens Satans und seiner bösen Engel, ebenso aber auch über eine Schau der Stufen und des Wirkens der guten Engel.

Vor der Welt galt Alois Schmid als Gesundbeter, als ein mit magnetischen Kräften ausgestatteter Heiler. Welch eine Verkennung! Sein Heilen ging von übernatürlichen Quellen aus, von der Macht Jesu.

Wissend um die ganze Gottesordnung gebrauchte er auch die Heilkräfte der Naturelemente, vor allem der Pflanzen. Und wo er die ihm gesteckten Grenzen sah, verwies er auf den Arzt, zumal auf den Chirurgen. Wo es aber eindeutig um Sühne ging, da sah er sich gefordert, und wo er gefordert war, da handelte er im Namen Jesu, auch bei sonstigen Gelegenheiten.

Eines Tages wurde er zu einem Bauern gerufen. Als er am Hoftor ankam, begrüßte ihn der Hausherr, bat aber, er möchte etwas warten, bis er seinen gefährlichen Hund angekettet hätte.

Schmid aber entgegnete, das sei nicht nötig, machte das Kreuzzeichen; der Hund vertrollte sich und verschwand im Haus. Ein dämonisierter Hund!

Derartige Fälle sind nicht ungewöhnlich und finden sich vorwiegend in Heiligenleben. Ein Parallelfall ist etwa bei Papst Gregor dem Großen (Dial I 10) aus dem Leben des Bischofs Fortunatus von Todi aus der Mitte des 6. Jahrhunderts genau berichtet:

»... Außerdem war das Pferd eines Soldaten wütend geworden, so daß viele Menschen kaum genügten, um es zu halten; mit seinen Bissen zerfleischte es die Glieder aller, die es angreifen konnte. Endlich wurde es von einer großen Anzahl von Personen, so gut es ging, gebunden und vor den Bischof gebracht. Sobald dieser mit ausgestreckter Hand das Zeichen des Kreuzes auf den Kopf des Pferdes gemacht hatte, verwandelte sich dessen Wut in Sanftmut, so daß es nachher zahmer als vor dem Wutanfall war.«

Alois Schmid wußte zu jedem Moment um Gefahren übernatürlicher Ursächlichkeit. Diesen begegnete er durch stete Selbstbeherrschung, ein fortgesetztes Wachsein. Bei ihm rächte sich die kleinste

Nachlässigkeit. Gelegentlich sagte er im vertrauten Kreis: »Der Schmid muß obacht geben.«

Das ist ein Bekenntnis eines Mannes der Offenheit, der Geradheit, der Natürlichkeit, der Männlichkeit. Jede Art der Verlogenheit war ihm verhaßt, mochte es geheuchelte Demut oder irgend eine Unechtheit im Sein oder Benehmen sein. Gerade dadurch zog er viele Burschen und junge Männer an, denn hier sahen sie ein unverfälschtes Christentum, kraftvoll, aufrecht.

Öfters wurde ihm, zumal auf Fahrten, außerordentlicher Schutz zuteil. Mehrfach ist bezeugt (H. Gruber, Hans Heidel), daß er mit dem Kreuzzeichen schlechtes Wetter verscheuchte. Als es einmal Winter werden wollte und im November der erste Schnee fiel, soll er gesagt haben: »Der Schmid will dieses Jahr keinen Schnee.« Es habe zu schneien aufgehört und sei bis ins Frühjahr schneefrei geblieben. Dabei seien Autofahrer aus dem Frankenland und Württemberg gekommen, die zu Hause hohen Schnee hatten und fast stecken blieben. Staunend hätten sie festgestellt, daß bei Mindelheim kein Schnee vorgefunden wurde. (OP)

## Kämpfer gegen den Nationalsozialismus

Von Anfang an lehnte Alois Schmid den Nationalsozialismus mit aller Entschiedenheit ab, obwohl dieser vielen Leuten das kleinere Übel zu sein schien angesichts der drohenden Gefahr des Kommunismus. Andererseits spürten und wußten es die Nazis, daß Schmid für sie ein nicht zu unterschätzender Gegner war. Sein Einfluß war ja groß. Teilweise mag es den Braunen ratsam erschienen sein, ihn in Ruhe zu lassen angesichts der großen Schar seiner Patienten. Noch entscheidender dürfte gewesen sein, daß zwei prominente Braune der Stadt und manch andere kleinere Nazis Schmids Patienten waren.

Als 1939 der Krieg ausbrach, schien sich die Schmid — Angelegenheit von selber zu lösen. Aber da erlebten die Braunen eine große Enttäuschung. Der Schmid wurde wegen seiner kriegsbedingten Armbehinderung nicht eingezogen. So mußte man sich damit begnügen, sein Auto zu beschlagnahmen. Helfer in der Not wurde ihm damals Josef Ruf.

Als der Kampf der Nazis gegen die Kirche heftig wurde, soll Schmid gesagt haben: »Wenn sie mir die Praxis schließen, kaufe ich mir einen Bauernhof im Allgäu in der Einsamkeit und ziehe mich ins Gebet zurück.« Es kam nicht dazu.

Als er anfangs Juni 1940, eine Woche vor seinem Tod, wegen Krankheit die Sprechstunden absagte, soll der Kreisleiter, als er beim Vorübergehen den Anschlag sah, geäußert haben: »Der Heuchler!« Schmid hatte es wohl erbetet, daß er nicht in die Hände der Nazis fiel. Ihm stand ein anderes Schicksal bevor.

Die Situation in Mindelheim zu Beginn des ersten Kriegswinters (1939/40) hat O. Portenlänger so geschildert:

»Es kam der erste Kriegswinter mit dem Rausch des verführbaren und verführten Volkes über die Wundersiege des Führers. Unterdessen legte sich das Kreuz immer schwerer auf die Seele des Gottesmannes. Er wandelte wie ein Fremder unter diesen Menschen. Was er erstrebt hatte durch seine Hochschätzung des Priestertums, das blieb unverstanden und wurde verkannt. Die Mittel der Macht in Jesu Namen, die er empfohlen, blieben im Großen ungenützt und bekrittelt. — Die neuen Machthaber umlauerten ihn. Sein Haus war wie eine Insel in einer tosenden Meeresbrandung. Ungezählte hielten sich an seiner Bekenntnisfestigkeit ein, vertrauten ihm ihre Not an und kamen in Scharen in seine Sprechstunde.

Er durchschaute das neue Reich von Anfang an. ›Großgezüchtete Teufel‹, sagte er, haben wir heute, aber keine Heiligen. Schweigend ging er seinen Weg zur Kirche in der Stadt. Begegnete er einem Hoheitsträger, so wurden Blicke über Abgründe gewechselt. Er schaute sie in den Krallen des Bösen. Aber sie fürchteten ihn. Auch sie ahnten etwas von seiner verborgenen Macht. Als ein SS-Mann aus Dachau mit ihm sprach, erschrak dieser über das Wissen des Alois Schmid. Er wollte wissen, woher er das alles wisse.

›Das Licht durchschaut die Werke der Finsternis, aber die Finsternis kann das Licht nicht begreifen‹, antwortete Schmid. Es war wie ein fortgesetztes Wunder, daß er äußerlich unbehelligt blieb. Zu mir hatte er geäußert: ›Es kommt keiner über meine Schwelle. Das habe ich mit Gott ausgemacht.‹ So war es. Er trug das geistige Martyrium voraus. Er griff die Widersacher im Gebet und Sühneleiden unsichtbar an und bannte sie unter die Macht der Hand des Herrn.«

Rückblickend darf noch einmal die Frage gewagt werden: Was war das eigentlich Charakteristische der Spiritualität des Alois Schmid? Gewiß ist das Innerste das verborgene Geheimnis der Gnade und des Heiligen Geistes. Dem Werdegang nach zu schließen war es bei Alois Schmid seine große Ehrfurcht vor der Eucharistie, der Messe im Verein mit der hl. Kommunion. Von hier aus erlangte er die Tiefenschau des Erlösungsgeheimnisses sowie der Wege der Sühne, die dem Gäubigen möglich sind. Ebenso hat sich ihm das Geheimnis Gottes als des dreifaltigen Gottes erschlossen. Innig verehrte er den Vatergott. Das tat sich immer wieder nach außen kund in seinem originellen Spruch: »Herr ist der Herrgott!« Die Wirkkraft des Namens Jesu verkündete und erfuhr er tagtäglich. Und mit großer Innigkeit sprach er immer wieder vom Heiligen Geist! Die Heiligkeit der Gottesfreunde maß er am Grad der inneren Erleuchtung und Führung durch den Gottesgeist. Solch tiefes Wissen und Leben im Gottesgeheimnis strahlte aus der Persönlichkeit Schmids aus. Eine innere und äußere Festigkeit und Kraft zeichneten ihn aus, dazu volle Beherrschung. Seine Stimme war mild und sonor zugleich, was im Telefon in besonderer Weise zum Ausdruck kam im Verein mit einer ungewöhnlichen Güte. Seinem Blick eignete dominierend etwas Herrschaftliches, wie auch die Photographie zeigt. Über allem aber lag eine erhabene Ruhe und Sicherheit, die Ruhe der Kontemplation, die der Aktivität Richtung verleiht, all das, was die Faszination der Gottesfreunde ausmacht. Notfalls aber trat Schmid sehr energisch auf — als »Grobschmid«.

## Eine lebensgefährliche Erkrankung

Für den Primizianten Heribert Gruber war im Schmidhaus ein festlich bereitetes Primizzimmer eingerichtet und er verbrachte dort glückliche Wochen. Alois Schmid hätte zu gern seinen Priestersohn als Gehilfen in seinem Haus behalten. Doch dieser war für die Diözese Augsburg und für ihren Dienst geweiht. Soweit er davon frei war, kehrte er immer wieder nach Mindelheim zurück und tat priesterlichen Dienst im Schmidhaus.

Gegen Ende der Primizfeier flatterte ins Schmidhaus das berühmte blaue Kuvert aus dem Ordinariat, von jedem Primizianten mit großer Spannung erwartet. Für Heribert Gruber brachte es die erste

Anstellung in Karlshud. Diese Pfarrei liegt im Donaumoos, der Pfarrort etwa 13 km südöstlich von Neuburg/D. Sie umfaßte damals vier politische Gemeinden. Die Hälfte der 2100 Seelen gehörte zum Pfarrort selber, die anderen waren über viele Filialen zerstreut, was die pastorale Arbeit schwierig machte. Alois Schmid dürfte den neuen Kaplan persönlich an seinen Bestimmungsort gebracht haben.

Bei einer Inspektion der Kirche stellte er fest, daß der Beichtstuhl des Kaplans ein unmögliches Möbel war und beschaffte einen neuen. Doch schon nach zwei Monaten wurde Heribert als Kaplan nach Schrobenhausen versetzt. Diese Stadtpfarrei hatte 1938 insgesamt 6250 Seelen zu betreuen. Dem damals 67jährigen Stadtpfarrer standen vor dem Krieg zwei Kapläne zur Seite, die voll ausgelastet waren, in der Hauptsache mit dem Religionsunterricht, Krankenbetreuung und sonstigen seelsorglichen Aufgaben neben den Gottesdiensten und Predigten. Jetzt in der Kriegszeit hatte Heribert beider Arbeit zu leisten. Dem dauernden Streß war indes Heriberts Gesundheit nicht gewachsen. Im Mai 1940, als eben der Frankreichfeldzug begann, erkrankte der damals 34jährige ernsthaft, ja lebensbedrohend. Eine Entzündung der Speiseröhre, die die Ärzte im Krankenhaus nicht zu operieren wagten, schritt voran und drohte den Tod herbeizuführen. Alois Schmid eilte herbei, aber auch er mußte vor solchem Übel kapitulieren.

In dieser Not erbat er sich bei der Augsburger Mystikerin Erna Stieglitz Auskunft, die viele Ereignisse bildhaft vorausschaute. Ihr Bericht lautete: Sie sehe einen großen Leichenzug hinter einem weißen Sarg. Also stand fest: Heribert wird sterben. »Nein, er darf nicht sterben«, sagte Alois Schmid aus fast verzweifelter Stimmung.

## Leben um Leben

Nicht mehr sonderlich im Bewußtsein der heutigen Generation ist, was früher nahezu christliches Allgemeingut war, nämlich das Wissen darum, daß jemand für einen Todkranken sein Leben Gott anbot, und daß solches Angebot von Gott angenommen wurde, so daß der Todkranke wieder auflebte, dafür aber die Opferseele starb. Solches mag wiederholt geschehen sein bei schwer erkrankten Päpsten, aber auch sonst zuweilen.

Ein konkreter Fall dieser Art hat sich in der Geschichte der Ottilianer Afrikamission im Februar 1904 ereignet. Da brach auf der Missionsstation Tosamaganga (in Tansania) die Lungenpest aus. Auch der dortige Stationsbruder Michael Hofer wurde von ihr erfaßt. Der Tod trat gewöhnlich am dritten Tag nach Ausbruch der Krankheit ein. Nach Aussage des dortigen Arztes (der Kolonialregierung) Dr. Greisert mußten etwa 97% der Befallenen ihr

Leben lassen. Bezüglich des Br. Michael aber erklärte die Tutzinger Benediktinerin, Schwester Pia, die im Schwesternkonvent auf der Station war, sie würde gern anstelle des Bruders sterben.

Im Fall des kranken Br. Michael geschah nun folgendes: An seinem dritten Krankheitstag hörte er, der völlig isoliert war, nachmittags gegen 4 (=16) Uhr rufen, Schwester Pia sei gestorben. Was nun geschah lassen wir ihn selber erzählen:

»Und sogleich, zur selben Stunde, fühlte ich eine Veränderung meines Krankheitszustandes. Ich stand von meinem Lager auf und ging im Zimmer auf und ab. Von der Krankheit glaubte ich nichts mehr zu spüren ... So verging fast eine Stunde ohne Krankheitsgefühl. Allmählich schlief ich ein. Als ich wieder erwachte, war es schon Morgen. Schritte wurden draußen hörbar. Dr. Greisert kam, nach mir zu sehen. Er klopfte an die Tür.

Ich rief mit frischer Stimme: Herein, erhob mich und blickte zur Tür.

Der Arzt sah mich ganz erstaunt an und rief: ›Ja Bruder Michael, Sie leben noch! Sie sind gerettet!‹ Es war ein eigenartiges Gefühl, dieses Wiedererwachen zum Weiterleben.«

Der Wiedergenesende mußte noch 40 Tage in strenger Quarantäne leben. Als die Seuche auf der Station erlosch, zeigte es sich, daß vom ganzen Missionspersonal nur noch der Obere P. Severin, eine Schwester und Br. Michael übrig geblieben waren. Das Lebensopfer der Sr. Pia hat das Leben des

Br. Michael gerettet. Davon war dieser lebenslänglich überzeugt; er starb 1937.

# Das Lebensopfer des Alois Schmid

Im Volk wollte man früher davon wissen, daß eine
Primiz ein Leben koste, das Leben eines nahen
Verwandten des Neupriesters. Wie weit diese Mei-
nung einen Wahrheitskern enthält, mag dahinge-
stellt bleiben. Was aber mit Heribert Gruber und
Alois Schmid im Mai und im Juni 1940 geschah,
reicht in solche Richtung. Lassen wir darüber Otto
Portenländer berichten:

»Am 20. Mai (1940) traf bei Alois Schmid von
Schrobenhausen die Hiobsbotschaft ein, Heribert,
sein Priester, sei schwer erkrankt. Alois Schmid
erblaßte und erschrak bis ins Innerste: ›Das ist der
Tod. Ich muß zu ihm. Es kann ihm sonst niemand
helfen.‹

Dann fügte er mit einem Blick in unendliche Weiten und mit gebrochener Stimme hinzu: ›Er darf
nicht sterben.‹

In diesem Augenblick — ich war allein Zeuge —
hatte ich das Empfinden, als füge er still hinzu:
›Dann sterbe ich, wenn es sein muß — für ihn.‹

Er fuhr, sobald er sich aus der damals erdrücken-
den Arbeitsfülle frei machen konnte, am 28. Mai zu
Heribert. Als er ernst zurückkam, sagte er: ›Er ist

gerettet.‹ Tatsächlich brach drei Tage später das Geschwür am Kehlkopf auf, nachdem schon bei der Handauflegung eine Erleichterung eingetreten war. Die Einlieferung ins Krankenhaus zu einer überaus riskanten Operation konnte damit verhindert werden. Der Weg zur Heilung war frei, und Heribert konnte schon am 3. Juni nach Mindelheim kommen. Obgleich Alois Schmid schon in den ersten Monaten des Jahre 1940 schwer an den geistigen Lasten und dem stärker werdenden Kampf zu tragen hatte, so war doch keinerlei Symptom einer körperlichen Krankheit an ihm festzustellen. Wie schwer er seelisch litt, verriet er mir einmal im privaten Gespräch: ›Der Kampf ist furchtbar. Wenn die Versuchungen über meine Kräft gingen, will ich lieber sterben.‹ Das war noch vor Heriberts Erkrankung.

Tatsache ist auch, daß Alois Schmid im ersten Jahr ein paarmal abends plötzlich den Tod sah. Er sah ihn als Gestalt. Einmal war ich Zeuge seiner Äußerung, als wir unten an der Stiege standen, um uns ›gute Nacht‹ zu sagen. Er sah die Stiege hinauf und deutete: ›Da steht er, der Tod!‹«

In einer Aufzeichnung einer Ordensschwester vom 15. Oktober 1939 sind die Worte wiedergegeben, die sie aus dem Mund Schmids gehört hatte: »Der Tod kommt. Das Gericht kommt. Die Rechenschaft kommt. Und wir stehen da mit leeren Händen. Wir sehen, daß alles nur äußeres Getue war, nichts

Echtes, keine Frucht. Ich kann nicht mehr denken wie in den Jahren der Vollkraft, wo ich angefangen habe. Wenn wir auch 80 und 100 Jahre alt werden, es kommt das Gericht Gottes ... Ich bin scharf, ich bin hart, aber ich muß der Gnade folgen.«

Schon als Alois Schmid bei seinem kranken Priester war, zeigte sich ein auffallender Durst. Das wurde stetig schlimmer. Eine rapid verlaufende Zuckerkrankheit meldete sich an, die an den Kräften des Riesen zehrte. Während der Tage von 2.–9. Juni meldeten sich die Zeichen der verzehrenden Diabetes. Der Durst wuchs von Tag zu Tag, aber Alois Schmid hielt seine Sprechstunden an allen Sprechtagen durch ohne zu klagen. In der Öffentlichkeit schwoll der Orkan der Begeisterung für den Führer. Es waren die Tage des siegreichen Vormarsches auf Paris.

»Mutter Erna« (Stieglitz) sah in einem Gleichnisbild Alois Schmid an einem Brückenpfeiler ganz allein gegen eine rasende Stromflut ankämpfen. Ein Trost war ihm, daß sein Priestersohn, als Rekonvaleszent bei ihm sein konnte. Am 10. Juni (Montag) ging Alois Schmid zum letzten Mal in Mindelheim in die Kirche. Am folgenden Tag stand er noch bis 10 Uhr in der Praxis. Seine letzte Handauflegung galt der Tochter des damaligen Bürgermeisters von Mindelheim, die später von ihrem Verwandten, P. Paschalis Schmid, seelisch geführt wurde und ihr Leben ganz dem Dienst der Kirche geweiht hat. Dann war an der Tür zu lesen: *Praxis wegen Krankheit ge-schlossen.*

Damit kam Schmid den verblendeten Braunen zu-vor, die eben mit dem Gedanken umgingen, seine Praxis zu vernichten. Aber keiner der Machthaber kam zu seinen Lebzeiten über seine Schwelle, wie er vorausgesagt hatte.

Am 11. Juni (Dienstag) saß Schmid abends, schon in einem sehr elenden Zustand, zusammen mit Heri-bert, Babette Dauner und dem Architekten Josef Ruf und besprach mit ihnen die Erbschaftsangele-genheiten. Heribert solle der eigentliche Erbe sein, aber mit der Auflage, die treue Haushälterin Ba-bette zu sich zu nehmen und bis zu ihrem Tode für sie zu sorgen; denn sie hatte ihren Hausherrn in seinen finanziellen Nöten mit ihrem Geld und ihren Ersparnissen stets unterstützt. Das Haus solle wo-möglich einem kirchlichen Zweck zugeführt wer-den, doch darüber sollte Heribert befinden. Josef Ruf solle die Verwaltungsangelegenheiten erledi-gen. In diesem Sinne besprach der Sterbenskranke am folgenden Tag nochmal alles mit seinem Prie-stersohn Heribert und wußte, daß damit alles in be-sten Händen war.

Alles war nun geregelt. Aber leider gar nichts nota-riell. Und das bot den weltlichen Machthabern eine Handhabe, mit schweren Verfolgungen einzu-schreiten, und zwar gegen die Nächstverwandten wie vor allem gegen Heribert, der bald nach Schmids Tod für nahezu neun Monate ins Gefängnis kam; auch Portenlänger hatte dieses Los drei Wochen hindurch zu tragen.

Am Mittwoch (12. Juni) war auf 11 Uhr der Friseur bestellt. Um 12 Uhr erhielt der Kranke den Besuch des Stadtpfarrers. Diesen bat er, daß ihm sein Beichtvater die Sterbesakramente spenden dürfe, was ja an sich ein pfarrliches Recht war. Doch der wollte zunächst auf seinem Recht beharren — wie taktlos und töricht in solcher Situation! Portenlänger tat dann diesen priesterlichen Dienst nachmittags um 15 Uhr.

Von nun an wendete sich sein Inneres mehr und mehr in das Verborgene. Dabei litt er sehr. Am Antoniustag (13. Juni) war die Trauung der Schwester von seiner dienenden Babette mit einem Herrn Huber aus München angesetzt. Der Vorschlag einer Verschiebung wurde von Alois Schmid abgelehnt. Auch die Hochzeitsfeier sollte im Schmidhaus gehalten werden.

»Es soll ihnen nichts abgehen. Es ist eine Gnade.«

Nach der kirchlichen Trauung war im Eßzimmer alles in schönster Ordnung hergerichtet. Wir im engsten Freundeskreis nahmen daran teil. Da kam vor dem Mittagstisch der Schwerkranke im Krankenanzug langsam die Stiege herab, trat ins Zimmer, prüfte, ob alles in Ordnung sei, segnete, nahm still Abschied und stieg dann empor zum Beginn seines Endkampfes.

Über Alois Schmids letzte Tage berichtet O. Portenlänger wortgetreu:

»Gegen Abend dieses Donnerstages war eine uns unvergeßliche Stunde. Heribert, Josef Brunnhuber und ich waren in seinem Leidenszimmer, dem Raum seiner unzähligen Gebetsstunden. Er saß an der Kante seines Bettes, hob müde das leiddurchfurchte Antlitz und schaute uns drei an, einen nach dem anderen und sagte: ›Und keiner kann mir helfen.‹ Hilflos schweigend saßen wir da wie die Jünger am Ölberg. Es war sein Ölberg, der sich dann, wie er für sich allein war, in unergründliche Tiefen über seine Seele senkte.

Am nächsten Tag, dem Freitag, besuchte ihn noch Apotheker Mutzbaur, mit dem er so viel zusammengearbeitet hatte. Er fand seinen Zustand nicht bedenklich. An diesem Tag erlebte er noch das Sterben einer Frau Lämmle (Ziegeleibesitzerin in Markt Rettenbach) mit und schaute ihre Seele. Er kündete Gutes von ihr.

Am Samstag fiel, als ich gegen 11 Uhr bei ihm war, das eigenartige Wort: ›O Gott, in deine Hände gebe ich alles. Ich bin fertig.‹ Es war sein: Es ist vollbracht.

Abends kam noch der bekannte Heilpraktiker Fr. Schrepfer aus Wörishofen. Er gab kaum noch eine Hoffnung. Einen Arzt hatte Schmid abgelehnt: › Die können mir nicht helfen.‹ Das entsprach völlig der Wahrheit.

So kam der Sonntag, jener bedeutsame 16. Juni. Heribert war früh morgens zum Zelebrieren ins Spital gegangen und sollte dem Kranken die hl. Kommunion bringen. Ich saß an seinem Bett. Er richtete

sich auf. Wie ausgezehrt war seine Gestalt, wie
müde sein Blick! Und doch, wie würdig und von
einer erhabenen Art war seine Gestalt! Ich konnte
es noch immer nicht fassen und sagte: ›Sie verlassen uns doch nicht!‹ Er schüttelte müde sein Haupt.
Dann verließ ich ihn, da ich den Studiengottes-
dienst in der Maristenkapelle zu halten hatte. Heribert brachte die hl. Kommunion — die Wegzeh-
rung. Betend umstanden ihn seine Hausgenossen
und ein paar der Freunde. Um 10.15 Uhr atmete er
dreimal durch und senkte dann sein Haupt.« So
starb Alois Schmid.

Ein paar der Anwesenden wollen gesehen haben,
wie sich bei seinem Tod das Kreuz an der Wand
wie eine Perpendikel je einmal nach beiden Seiten
bewegt haben soll.

## Trauer um Alois Schmid

Als Alois Schmid starb, ging eben in der Stadtpfarrkirche der sonntägliche Pfarrgottesdienst zu
Ende. Mit Windeseile verbreitete sich die Todes-
nachricht in der Stadt und auf dem Land und löste
große Trauer aus. Alle, die je mit Alois Schmid in
Kontakt gekommen waren, waren sich des uner-
setzlichen Verlustes bewußt, waren sich aber auch
bewußt, daß der Gottesfreund von drüben aus

Hilfe zu leisten vermag, und dies zu wissen, war ein großer Trost.

Sofort traten die Freunde des Verstorbenen auf den Plan. Es gab viel zu erledigen. Vordringlich mußte ein Grab erworben werden. Denn der Zugereiste hatte auf dem Mindelheimer Friedhof keine Grabstätte. Da sprang bereitwillig die Familie Wiedenmann (Gerberei) ein und stellte einen sehr günstig gelegenen Platz zur Verfügung.

Da man damit rechnen durfte, daß vielleicht für den heiligmäßigen Heilpraktiker einmal ein Seligsprechungsprozeß in Frage kommen könnte, ließ man das Grab ausmauern und bereitete alles für eine würdige Beerdigung vor. Trotz der Kriegszeit und der Heuernte strömten ungeheuere Massen zum Requiem und zur Bestattung zusammen.

Die Beerdigung — sie fand am Donnerstag (20. Juni) statt — leitete von Amts wegen Stadtpfarrer Martin Schorer. Er zeichnete in seiner Ansprache Leben und Werk dieses »tiefgläubigen Pfarrkinds ... dessen Ruf und Berühmtheit bekannt war in der ganzen Umgebung, ja weit hinaus reichte in die Gaue unseres deutschen Vaterlandes.«

Der Pfarrer lobte neben des Verstorbenen tiefem Glauben »seine lebendige Teilnahme am pfarrlichen Leben« und nannte dabei besonders seine stete Teilnahme am Pfarrgottesdienst am Sonntag, seine Teilnahme an Bittgängen und Prozessionen und rühmte seine Freigebigkeit anläßlich der Restaurierung von Gotteshäusern der Stadt und anderes mehr.

Noch eindrucksvoller wirkte der Nachruf seines priesterlichen Freundes Otto Portenländer, der in tiefen Worten den tiefgläubigen Verstorbenen schilderte, dessen felsenfesten Glauben an den dreieinigen Gott, an die Kirche und das Priestertum und dessen Bedeutung. Portenländer hob dann mit Schmids Worten die Wichtigkeit und Macht des Gebetes hervor: »Nichts von allem, was ich erreicht habe, habe ich ohne Gebet erreicht, — alles würde zusammenbrechen, würde ich aufhören zu beten.« Der priesterliche Freund betonte: »Er glaubte rückhaltlos: Das beharrliche Gebet siegt immer.« Der Redner konnte auch jenes Wort Christi hervorkehren, das Schmid immer wieder sagte: »Wer glaubt, der wird die Werke tun, die ich getan habe.« Zutiefst ergriffen nahmen die vielen Teilnehmer an dieser einzigartigen Beerdigung Abschied von dem Grab nahe der Friedhofskapelle. Viele kamen wieder in den kommenden Tagen. Sie beteten wohl mehr zu dem Verstorbenen als für ihn. Der Gestapo war das lästig, und sie ließ das Grab bewachen. Wovor hatten sie denn Angst?

Am Mindelheimer Himmel standen bereits drohende Gewitter. Zwar stand das Haus Wörishofer Straße 15 nicht unbewohnt da. Doch für die Gestapo war jetzt die Stunde gekommen zuzuschlagen. Das »reaktionäre Nest« mußte jetzt brutal ausgeräumt werden. Schon wenige Wochen nach der Beerdigung wurde Heribert, der inzwischen Benefiziat in Buchloe war, verhaftet. Er sollte es fühlen, daß er jetzt in der Gewalt der Machthaber war. Was würde mit ihm geschehen? Stand ihm vielleicht Dachau bevor? Zwar ging es laut Verhaftungsbefehl in der Hauptsache um die Erbschaftsangelegenheiten, um einen Einheitswert.

Auch Portenlänger wanderte für drei Wochen ins Gefängnis, worunter er schwer litt. Der Benefiziat hingegen hatte von Anfang an das Bewußtsein, er werde eines Tages wieder frei werden. So überstand er die dreivierteljährige Gefängnishaft — sie war kurze Zeit unterbrochen — ohne jeden seelischen Schaden.

Das Schmidhaus blieb zwar bewohnt, doch war zu befürchten, daß es von den Braunen beschlagnahmt würde. Dem wollte der Architekt Josef Ruf zuvorkommen und zog mit seiner Familie in das Schmidhaus ein. Man ließ ihn in Ruhe, allerdings in der Ungewißheit, was schon am nächsten Tag geschehen konnte. Freund Brunnhuber, der aufrechte Schulmann, wurde, wie schon erwähnt, ungerecht gemaßregelt. Das war das Los vieler Beamter, die nicht mit den Wölfen heulten.

Einstweilen war jeder verdächtig, der mit dem Mindelheimer Kreis Kontakt haben konnte. Aber die Bäume der Braunen wuchsen nicht in den Himmel. Nur dauerte es für jeden Andersgesinnten entsetzlich lange, bis die ersehnte Wende kam. Sie kam allerdings mit Schrecken.

Der Siegestaumel wurde ab Winter 1941/42 mehr und mehr gedämpft. Todesnachrichten und Hiobsbotschaften von der Front im Osten, dann auch im

Süden mehrten sich, bis es zur totalen Katastrophe kam.

Endlich kam der April 1945. Damit kam der Einzug der Amerikaner in ganz Süddeutschland bzw. Schwaben und Bayern. Daß in Mindelheim entgegenstehenden Gerüchten zum Trotz kein einziges Haus zerstört wurde, daß auch niemand einem verbrecherischen Schnellgericht zum Opfer fiel, war eine gütige Fügung. War es vielleicht zu einem Teil auch Verdienst der Fürbitte jenes Gerechten, des Alois Schmid?

Wir wissen es nicht, dürfen es aber vermuten, nachdem mittlerweile nicht wenige die Hilfe dieses Gottesfreundes erfahren durften. Nicht bloß in Mindelheim hatte man es wohl der Hilfe der heimgegangenen Gerechten zu verdanken, daß die Vernichtung der braunen Gewalthaber und ihres Reiches ohne großen Schaden für das Volk sich vollzog. Es wird ja vom Himmel aus vieles gelenkt, geschützt und bewahrt, was kein Geschichtsbuch aufzuzeichnen vermag.

Vielleicht darf hier an eine Begebenheit aus dem Leben der seligen Kreszentia von Kaufbeuren erinnert werden. Als einmal zu ihrer Zeit in der Stadt Kaufbeuren eine ganze Häuserzeile bei einem Brand vernichtet wurde, betete Kreszentia, es möchte fortan bei einem Brand immer nur ein Haus abbrennen. So soll es dann fortan in Kaufbeuren geschehen sein. Dazu ist nach 1945 bezeugt, daß ein hoher amerikanischer Offizier in München Kardinal Faulhaber gefragt haben soll: »Was ist los mit

74

Kaufbeuren? (What is the matter with K.)? Wir wollten es oft bombardieren (Rüstungszentrale!). Aber sooft wir es anflogen, kam Nebel oder Musik, und wir konnten nichts ausrichten.« Schutz von oben! Scheiterte nicht auch der Versuch des Einmarsches der deutschen Wehrmacht in die Schweiz?

Das jedenfalls ist gewiß: Die Spuren des Alois Schmid sind noch keineswegs im Wind verweht. Das deutlichste Beispiel ist der Priester, für den er sich geopfert hat. Noch nach 54 Jahren wirkt er seelsorglich in einer kleinen Gemeinde und wirkt als Segenspriester, immer noch aufgesucht von Bedrängten, die sonst nirgends eine Hilfe finden. Noch ist Schmids Wort und Weisung lebendig in manchen Familien seiner früheren Patienten und Freunde. Noch sind Priester da, denen er den Weg zum Altar gewiesen und geebnet hat. Und wenn 1993 in Neu-Ulm ein Zwillingspaar miteinander Primiz gefeiert hat, dann sei nicht vergessen, daß diese jungen Männer mit ihrem frohen, offenen Blick und ihrer Geradlinigkeit, Enkel jenes Josef Ruf von Mindelheim sind.

Auch der Verfasser weiß es als gnadenhafte Fügung zu schätzen und zu danken, daß er 1938 (im vierten Priesterjahr) ein paarmal an den abendlichen Gesprächen im Schmidhaus teilnehmen durfte.

*Wort und Werk, Opfer und Gebet des Alois Schmid wirken gnadenhaft auch heute noch! Die Gottes-*

*freunde sterben nicht. Sie leben im Reich Gottes —*
*im Himmel und auf der Erde. Von ihnen gilt Jesu*
*Wort aus dem Johannesevangelium (11,25f) in sei-*
*nem vollsten Sinn: »Wer an mich glaubt, wird le-*
*ben, auch wenn er stirbt. Und jeder, der an mich*
*glaubt, wird in Ewigkeit nicht sterben.«*

# Teil II: Zeugnisse und Berichte

## I. Zeugenaussagen über Alois Schmid

Die Patientenkartei des Schmid von Mindelheim ist bedauerlicherweise zu Verlust gegangen, anscheinend schon gleich nach seinem Tod. Darin wären die gesammelten Unterlagen seiner Tätigkeit und seiner Heilerfolge aufgeschrieben gewesen. Doch sind eine Reihe von schriftlichen Zeugnissen und Berichten bis in unsere Tage erhalten geblieben, daß sich daraus die Persönlichkeit dieses einzigartigen Mannes und seines Wirkens noch deutlich genug ablesen läßt. Was gesammelt werden konnte, soll hier vorgestellt werden, auch wenn sich Wiederholungen vorfinden. Auch diese haben einen besonderen Wert, weil die Ausstrahlung des Mindelheimer Heilpraktikers immer wieder in neuem Licht reflektiert erscheint.

# Kurzberichte gesammelt von
# Pfarrer Gruber

*1. In einem großen landwirtschaftlichen Anwesen* namens Fischer war großes Unglück im Stall. Alois Schmid, der gerufen wurde, sagte: »Es werden noch einige Stück Vieh draufgehen, das kann ich nicht mehr verhindern. Dann aber wird es in der Landwirtschaft aufwärt gehen. Und so kam es. (Zeit nicht mehr feststellbar.)

*2. Ein Erlebnis*, das A. Schmid seinerzeit dem Heribert Gruber erzählt hat: Es war 1928/29 und hat sich in Hub, Schmids Heimat, abgespielt.
Eine Leiche wurde vom Nachbarhof mit dem pferdebespannten Leichenwagen zur Pfarrei Weitnau gefahren. Plötzlich *blieben die Pferde stehen* und waren auf keine Weise zum Weitergehen zu bringen. Da ging Alois Schmid, der im Leichenzug mitging, aus der Reihe heraus, ging auf die beiden Pferde zu, segnete sie und betete. Nach einer kurzen Weile fingen die Pferde wieder an zu gehen, ohne jede weitere Hemmung. Schmid sagte, es sei eine bösartige Sache gewesen, da habe man beten und beschwören müssen.
(Derartiges ist auch sonst des öfteren bezeugt.)

*3. Krankheitsgeschichte des Frl. Babette Dauner, Haushälterin* bei A. Schmid.

Es war im Jahr 1930. Frl. Dauner war vor dieser Zeit vier Jahre in einem Arzthaushalt in Buchloe gewesen. Nach einer mißglückten Magenoperation mußte sie die Stelle bei Dr. Roth aufgeben. Sie suchte Hilfe bei Herrn Schmid. Ihr Befinden war so schlecht, daß sie alles erbrechen mußte, selbst den Tee. Nach der ersten Behandlung bei Herrn Schmid mußte sie nichts mehr erbrechen. Es ging von da an aufwärts, so daß sie etwa nach einem halben Jahr den Haushalt von Herrn Schmid führen konnte, bis zu seinem Tod.

Im April 1930 *trank Frl. Babette* infolge eines Mißgeschickes *eine Möbelbeize*, die versehentlich in einem Bierglas auf dem Tisch stand, da gerade Schreiner im Haus tätig waren. Diese Möbelbeize verursachte im Magen große Verätzung, verbunden mit großen Schmerzen. Die Beize soll zwei ganz gefährliche, tödlich wirkende Gifte enthalten haben. Herr Schmid ließ sofort einen Arzt rufen, um zu wissen, wie weit die Magenwände angegriffen wären. Der Arzt sagte, die Patientin sei nicht außer Lebensgefahr. Es folgte noch eine Nierenentzündung. Durch die Behandlung von Herrn Schmid erfolgte eine sehr schnelle Besserung des ganzen Zustandes. Nach zwei Tagen konnte sie wieder aufstehen und etwas Speise zu sich nehmen und mußte sich nicht mehr erbrechen.

*4. Der Haarknäuel eines jungen Mädchens in Mattsies* (bei Mindelheim), erzählt von Pfarrer Gruber:

Ich war noch Student, etwa 1934 war es, da kam ein Mädchen, etwa 20 Jahre alt, mit ihrer Mutter, und bat H. Schmid zu helfen.

Wir — H. Schmid, Babette und ich wollten gerade zum Sonntagsgottesdienst gehen. Über Nacht hatte sich bei diesem Mädchen das ganze Kopfhaar zu einem festen Knäuel, zu einem Ball gebildet. Beim Aufwachen am Morgen hatte sie dies gleich festgestellt. Außer sich vor Schrecken kamen sie dann auf den Gedanken, da könne höchsten Herr Schmid helfen. Das Mädchen weinte, aber Herr Schmid sagte ruhig und sicher: »Bleiben Sie ganz ruhig, da kann man schon helfen.«

Weil wir schon in der Frühmesse gewesen waren, blieben wir nun alle drei da. Babette und ich waren nun Zeugen dessen, was nun geschah. Herr Schmid segnete das Haar öfter und besprengte es mit Weihwasser und suchte den Ballen durch weiches Drücken immer weicher zu bekommen. Nach zwei Stunden konnten wir zu dritt dieses Haar wieder lösen.

(Bei Pferden sind geflochtene Mähnen oft bezeugt.)


*5. Herr Müller, ehem. Lindenwirt in Mindelheim*, berichtete:

Er habe etwa 1934 Herrn Schmid wegen *Unglücks im Stall* kommen lassen. H. Schmid kam, segnete und betete. Das Vieh kam schnell wieder in Ordnung, ohne Tierarzt und Medizin. Nach einigen Tagen hatte der Besitzer wieder den vollen Nutzen.

Der Bauer selber klagte über *Rückenschmerzen* seit ein paar Jahren.

»H. Schmid legte mir die Hand auf, ermunterte mich zum Gottvertrauen. Die Schmerzen waren weg.«

Müllers Frau hatte, als sie noch ledig war, eine *hartnäckige Kopfgrippe*. Nach dem Besuch bei H. Schmid war das Übel verschwunden. —

Weiter berichtete H. Müller: »Meine Frau hatte eine *schwere Zangengeburt*. Sie lag danach bitter da. Sie hatte eine sehr geschwollene Zunge und konnte nichts essen. H. Schmid gab ihr gesegnetes Brot, und sie wurde schnell geheilt.«

6. Um 1936/37 kam die ca. 60jährige Frau Neumayer aus Mindelheim zum Schmid. Sie litt an *schwerem Unterleibskrebs*, war von den Ärzten aufgegeben, da eine Operation nicht möglich war. Nach relativ kurzer Behandlung durch H. Schmid war sie wieder arbeitsfähig und lebte noch ungefähr fünf Jahre.

7. *Pfarrer Ulrich Schwarz von Klimmach* berichtete aus seinen Erlebnissen mit H. Schmid:

*a)* Eine Frau in der Nähe von Mindelheim war krank und fand nirgends Hilfe. Da *erschien* ihr eines Nachts ihre vor kurzem *verstorbene Schwiegermutter* und sprach mit ihr. Die Kranke war ganz wach. Die Erschienene sprach laut. Ihr Mann hörte alles, ließ sich aber nichts anmerken. Die Schwiegermutter sagte: »Dir kann niemand helfen, außer der Schmid von Mindelheim. Sag zu Deinem Mann, er hat mir mein Versprechen nicht eingelöst. Das muß er nachholen. Und die Messe, die bestellt wurde, ist auch nicht gelesen worden. Ich brauche sie zwar nicht mehr, aber sie muß gelesen werden.« Eine Nachforschung habe dann ergeben, daß sie anläßlich des Umzugs des Pfarrers übersehen worden sei.

b) Eine Frau ließ H. Schmid in einem persönlichen Anliegen kommen und erklärte ihm: *Ihr Sohn fluche furchtbar.* H. Schmid kam und traf den Sohn auf dem Feld beim Ackern. Da fing er auch wieder zu fluchen an. Schmid sagte zu ihm: »Das ist eine schlechte Arbeit, die Du da tust. Wenn Du so weitermachst mit Fluchen, kommt der Tod. Das wird sich der Herrgott nicht gefallen lassen.«
Der Mann habe von der Zeit an nicht mehr geflucht.

8. *I.S. berichtete 1988 an H. Pf. Gruber folgendes:*
a) H. Schmid kam öfters zu uns nach Wiedergeltingen, wenn *im Stall* etwas fehlte oder die Eltern *schwerer krank* waren. Es war in unserem Haus immer etwas Besonderes, wenn H. Schmid kam. Er strahlte so viel Ruhe und Zuversicht aus.
b) Ich selbst war 1932 bei H. Schmid in Behandlung. Bei einer Schuluntersuchung und vom Hausarzt Dr. Roth/Buchloe wurde bei mir verspätete *Rachitis* mit Verkrümmung des Brustbeins und des Rückgrats mit stagnierendem Körperwachstum festgestellt. In einem Jahr bin ich nicht einmal einen gan-

zen Zentimeter gewachsen lt. Unterlagen der Schuluntersuchung. Ich wurde dann von H. Schmid behandelt, fuhr die 15 km nach Mindelheim immer mit dem Rad, wie oft , weiß ich nicht mehr. Ich wurde ganz gesund und erreichte eine normale Körpergröße (176 cm). Auch keine Folgeschäden blieben.

c) Von unserm Hof durften wir jährlich die Kartoffeln an den Haushalt Schmid und Brunnhuber liefern. Die Kartoffeln wurden auf Empfehlung von H. Schmid ohne Kunstdünger angebaut.

## 9. Beobachtungen und Erlebnisse des O.N.

So lange er (A.Schmid) beim Heiß in Lauchdorf als Schweizer beschäftigt war, gab es *keine Unglücksfälle* im Stall.

a) Einmal wurde er zu einem *kranken Pferd* geholt, das Kolik hatte. Mit Segen und Gebet heilte er das kranke Tier. Als er zum Anwesen (Heiß) zurückkam, wo zwei Erntehelfer beschäftigt waren, spöttelten diese: »Das Pferd wäre auch so gesund geworden. Helfen kannst Du ja sowieso nicht. Hauptsache, daß Du Dein Trinkgeld bekommen hast.« Schmid erwiderte Ihnen: »Unser Herrgott läßt seiner nicht spotten. Ihr werdet solange nicht schlafen, bis Ihr Abbitte leistet.« Tatsächlich konnten die beiden Erntehelfer erst wieder Schlaf finden, nachdem sie Abbitte geleistet hatten.

b) In Dirlewang hatte ein Hilfsarbeiter eine Freundin, die von ihm *ein Kind erwartete.* Er verfluchte das Mädchen, geleitete sie aber doch (zur Entbindung) ins Krankenhaus nach Mindelheim. Da das Kind nicht schlief, ging die Mutter zum Schmid. Dieser sagte, er könne dem Kind erst helfen, wenn auch der Vater käme. Der Hilfsarbeiter ging ahnungslos zum Schmid. Der konnte ihm alle Verfehlungen vorhalten, auch jene, die er nicht mehr wußte. Dem Mann verging am selben Tag der Appetit. Er heiratete später seine ungeliebte Geliebte. Das Kind wurde geheilt.

*10. J.F. aus Fischach* berichtet 1990 aus der Erinnerung:

Im Jahr 1939 hatte mein Großvater (* 1882) furchtbare *Schmerzen im linken Unterarm* samt Hand. Diagnose von Dr. Sixt/Augsburg: *Knochentuberkulose.* Als einziger Heilungserfolg wurde die Amputation der linken Hand empfohlen. Dies ließ mein Großvater nicht zu. Er fuhr dann mit X.G., der *am grauen Star* litt und Frau Th. Sch. nach Mindelheim zum Schmid. Als Schmid die drei im Wartezimmer sah, sagte er: »Ihr könnt gleich heimgehen, Ihr glaubt an nichts.«

Er behandelte sie aber dennoch. Zu meinem Großvater sagte er, er könne nur soweit helfen, daß er die Hand nicht verliere, sie werde aber steif bleiben. Das Handgelenk blieb steif, er habe aber mit der Hand keine Probleme mehr gehabt. H. Gs. *Augenleiden* besserte sich auch und Frau Sch. wurde von ihrem *Leberleiden* befreit.

*11. Anneliese Oe. * 13. Juni 1939* bezeugt:

*Mit sieben Monaten konnte ich noch nicht sitzen.*
Meine Mutter ging mit mir zum Schmid und mußte eine Stunde warten. Als sie drankam, sagte er zu ihr: »Komm her, Du brauchst mir nichts zu sagen, ich sehe und weiß alles.«
Dann legte er mir die Hände auf und betete leise. Dann sagte er: »Komm nach 14 Tagen wieder. Das Kind kann jetzt sitzen.« Nach 14 Tagen ging meine Mutter wieder zum Heilpraktiker. Da konnte ich schon im Kinderwagen sitzen. Dann legte er mir wieder die Hände auf den Kopf und sagte: »Jetzt kann das Kind nach 14 Tagen stehen. Komm nach 14 Tagen wieder. Dann kann das Kind bis zum Bahnhof laufen (= 1 km).«
Das bewahrheitete sich. Nach 14 Tagen ging meine Mutter wieder zum Schmid, und er sagte: »Das Kind ist jetzt ganz normal und gesund und Du brauchst nun nicht mehr zu kommen. Das sehe ich alles. Drum hab ich Dir geholfen, daß das Kind gesund wird.« Meine Mutter fragte nach der Schuldigkeit; er sagte: »Du bist mir mit dem Kind nichts schuldig und bete öfters den Rosenkranz.«

12. *E. H. (Akademiker)* berichtete 1990:
Es war um mein zehntes Lebensjahr, als eine Reihe von *gesundheitlichen Beeinträchtigungen* in mein junges Leben ungewohnte Erschwernisse brachten ...
Dazu kamen mit den üblichen Wachstumsstörungen auch Herzrhythmusstörungen, Schwindelanfälle, eine sich steigernde vegetative Dystonie sowie psychisch bedingte Angstzustände. Dann ging ich

in Begleitung meiner Mutter zur Behandlung (Schmid). Voruntersuchung durch Heilpraktiker Küpper. Dann empfing sehr ernst, aber freundlich Heilpraktiker Alois Schmid meine Mutter und mich. Noch heute sehe ich sein ernstes und doch gütiges Gesicht, mit dem er mich anschaute, lange und ohne ein Wort zu sagen. Er nahm mich bei der Hand, und so saß ich eine Weile vor ihm. Er meinte, in acht Tagen sollte ich wiederkommen. Er sprach auch noch einige Zeit mit meiner Mutter. Die Behandlung dauerte viele Monate. Langsam ging es mir besser, auch wenn es immer wieder Rückfälle gab.

13. *Heilerfolge Schmids,* berichtet von A. u. E.D.
*a) A.D. erzählte:*
Mit 15 Jahren lag ich an einer *eitrigen Mandelentzündung* und hohem Fieber zu Bett. Unser Hausarzt, Med. Rat Dr. Frieß, versuchte mit allen Mittel zu helfen. Nachdem es aber nicht besser wurde, entschloß er sich, am nächsten Tag zu kommen und die Mandeln herauszuschneiden. Mein Vater aber glaubte an H. Schmid und wartete ihn am nächsten Tag nach der Frühmesse ab. Er bat ihn in unser Haus. H. Schmid kam an mein Bett, legte die Hand auf, sprach Gebete, nickte mir zu und ging. Ein paar Stunden später kam Dr. Frieß, packte sein Köfferchen aus, legte seine Instrumente zurecht, kam auf mich zu, um nochmals in meinen Hals zu schauen. Da war er so erstaunt und sagte, das ist ja wie ein Wunder. Ich brauche nicht mehr zu schnei-

den. Er packte alles wieder ein und ging. Bei mir schwand das Fieber und in einigen Tagen war ich wieder wohlauf.

*b) E.D. erzählte:*

Meine Mutter hatte in zwei aufeinander folgenden Jahren (wohl 1928/30) *schwere Gallensteinkoliken* und war dabei bettlägrig. Bei jedem Anfall holte man den naturheilkundigen Alois Schmid, und es trat sofort eine Besserung ein, so daß sie nach wenigen Tagen wieder voll arbeitsfähig war. Nach diesem Zeitpunkt stellten sich die Koliken nicht mehr ein. Sie mußte nicht operiert werden und erreichte sogar das 86. Lebensjahr.

*c) A.u.E. D. erzählten:*

Ein Kind wurde beim Obstessen *von einer Biene in den Gaumen gestochen*. Es schrie fürchterlich. Ein Nachbarin schaute vom Fenster herunter und rief dem Vater zu: »Lauf schnell mit dem Kind zum Heilpraktiker Schmid.« Er tat es, und dem Kind wurde geholfen. Wahrscheinlich hätte es ersticken müssen, was auch H. Dr. Hofmann sagte.


*14. Eine Mutter (B.K.):*

1939 habe ich im Kreiskrankenhaus entbunden. Durch verschiedene Umstände kam es zu einer *schweren, lebensbedrohenden Infektion,* zu der ferner eine doppelseitige Lungenentzündung, Lungenembolie und Rippenfellentzündung hinzukam. Trotz massiven Einsatzes von Medikamenten konnte über ca. 6 Wochen hinweg keine Besserung erreicht werden. Meine Mutter wandte sich an H. Schmid.

Ich bin überzeugt, daß ich durch das Gebet und die heilende Kraft von ihm überlebte.

Ferner wurde eine Novene zu Maria Ward gehalten, an der sich viele Beter beteiligten.

Als Abschluß dieser Aufzählungen seien noch zwei Bemerkungen eines Kunsterziehers angefügt, die sich auf Schmids Wirken nach seinem Tod und auf sein Grabmal beziehen:

»Alois Schmid, das erfuhr ich erst viel später ... hat offenbar auch über seinen frühen Heimgang hinaus ... so wie im Leben viel Gutes getan.

Für mich bleibt unvergeßlich sein wachsbleiches, ernstes Gesicht, wie es mir oft in seiner letzten Zeit in der Frühmesse begegnet ist, nach der hl. Kommunion in tiefer Andacht gesammelt. Er war wahrlich ein großer Beter und ein frommer Mensch, alles andere als ein Frömmler. Seine Ratschläge waren stets einfach und anschaulich und nicht außergewöhnlich und kompliziert.

Erst viel später verstand ich schließlich auch die Gestaltung seines würdigen Grabmales auf dem Mindelheimer Friedhof durch den Architekten Josef Ruf und das Wandgemälde von Pfarrer Josef Wiedenmann mit dem Kampf Michaels gegen den höllischen Drachen. Adolf Hitler und der Nationalsozialismus und andere tausend -ismen haben in der Zeit des Wirkens von Alois Schmid einen Kampf gegen Gott, Christus und die Kirche geführt, wovon mir zunächst nur dunkle Ahnungen und Zusammenhänge deutlich geworden sind. Erst in den Nachkriegsjahren wurde mir das ganze Ausmaß der Dämonie langsam klar und bewußt. Alois Schmid vertraute St. Michael im Kampf gegen alle bösen Geister.«

# II. Zwei ausführliche Berichte bedeutsamer Heilerfolge Schmids

## 1. Otto Nuschelers Krankheitsgeschichte und Heilung

Am 3. März 1939 starb mein älterer Bruder Anton an Magenblutung in Kaufbeuren. Am 9. März *erkrankte ich an der rechten Schulter.* Wir meinten, daß ich mich bei der Fahrt zur Beerdigung meines Bruders erkältet hätte. Am 15. März öffnete Dr. Schorer aus Dirlewang die rechte Schulter, um den Eiter zu entfernen. Weil dieser aber so tief saß, durfte ich das Krankenhaus nicht mehr verlassen. Am 18. März nähte Dr. Schorer die Wunde wieder zu. Am 22. März brach die Vene unterhalb des Schlüsselbeins, da die Eiterung die Vene angefressen hatte. Das Blut floß, wie wenn man ein Schwein angestochen hätte. Meine Frau, die gerade zu Besuch war, wollte das Zimmer verlassen. Aber der Arzt sagte zu ihr: »Du kannst auf sein Ende warten.«

Insgesamt hatte ich einen Blutverlust von fünf Litern. Der Arzt nähte die Wunde noch einmal sauber zu. Das Blut suchte nun einen neuen Weg und floß vom Oberarm bis zum Ellenbogen. Ungefähr acht Tage später mußte man die Vene am Ellbogen öffnen, um wieder Eiter ablaufen zu lassen. Jeden Morgen öffnete man den Verband, um Blut und Eiter ablaufen zu lassen.

Am Ostermorgen (9. April) schlief ich nur von 2–4 Uhr. Um 4 Uhr läuteten die Glocken das Osterfest ein. Die Krankenschwester schaute nach meiner Schulter, die randvoll mit Blut gefüllt war. Um halb fünf Uhr merkte ich, daß mein Brustkorb von Blut feucht war. Die Schwester versuchte, die Blutung mit Zellstoff aufzuwischen. Da die Wunde groß war, konnte man sie nicht nähen. Dr. Schorer verklebte deshalb die Wunde, um die Blutung zu stoppen. Um 6 Uhr staute sich das Blut unter dem Verband und drückte nach oben. Dadurch wurde ich so schwach, daß ich nicht mehr sehen konnte. Ich konnte weder Tee noch Kaffee zu mir nehmen. Da mein Blutverlust so groß war, wurde mir von 8–10 Uhr insgesamt 3,5 Liter Blut übertragen.

Da die Schwester mit meinem baldigen Ableben rechnete, fragte sie mich, was meine Frau nach meinem Tod machen solle. Ich antwortete, sie solle den Buben zu meinem Bruder nach Kirchdorf geben und sich selbst wieder verheiraten.

Am frühen Nachmittag kam Pfarrer Frener, mir die Sterbesakramente zu spenden. Da meine Augen schwach waren, konnte ich den Geistlichen nur an seiner Stimme erkennen. Danach kam meine Frau. Damit sie bei meinem Anblick nicht erschrecken sollte, ließ die Schwester meine Frau nicht zu mir. Meine Frau telefonierte daraufhin meinen Bruder in Kirchdorf an.

Mein Bruder ging nun zum Schmid und fragte ihn, ob er mich nicht besuchen könnte. Schmid meinte, er könne mich nur besuchen, wenn er von einem Arzt gerufen würde. Ansonsten würde er Gefahr laufen, von der Gestapo verhaftet zu werden. Mein Bruder bat deshalb Dr. Schorer, Alois Schmid anzurufen. Dr. Schorer gestattete Alois Schmid zu mir zu kommen. Er meinte: »Er stirbt sowieso, wir wollen ihm seine letzte Hoffnung nicht nehmen.«

Um halb 4 Uhr (?) kam Schmid zu mir. Zuerst segnete er mich und betete. Danach gab er mir einen Zungenkuß und sagte: »Du mußt den Speichel hinunterschlucken. Du brauchst Kraft von mir.« Dann nahm er meine linke Hand und verabschiedete sich und sagte dazu: »Das nächste Mal kommst Du zu mir herunter nach Mindelheim.«

Zwei Stunden später konnte ich schon wieder zwei Wiener Würste essen und einen halben Liter Bier und eine Limonade trinken. Die nächste Nacht konnte ich mich erholen. Am (folgenden) Freitag hat meine Wunde zu eitern aufgehört. Der Verband wurde entfernt. Die Vene am Schlüsselbein war zweieinhalb Zentimeter freigelegt.

Dort wo sie aber war, konnte man ein Kreuz erkennen. Ich konnte die Wunde im Spiegel sehen. Der Arzt meinte, man müßte jetzt ein Pfund Fleisch einpflanzen können. Am Sonntag (weißer Sonntag) war aber so viel Fleisch nachgewachsen, daß man die freie Vene nicht mehr sehen konnte. Am Dienstag, den 18. April, konnte ich dann nach Hause.

Als ich am 18. April vom Krankenhaus heimkam, war meine Frau krank. Bei meinem dreijährigen Sohn hatte man festgestellt, daß er an Drüsenkrebs erkrankt sei. Im Stall hatte eine Kuh nach dem Kalben Blutvergiftung am Hals. Daraufhin telefonierte ich vom Postamt aus Alois Schmid an. Er sagte (am Telefon), er komme nicht. Das könne er auch so heilen. Und so war es auch.

Nach meiner Entlassung aus dem Krankenhaus mußte ich alle 14 Tage zum Schmid, da ich, verursacht durch meine lange Krankheit, Probleme mit dem Darm hatte. Einmal war ich auch am Sonntag bei ihm. Er sagte mir ins Gesicht: »Heute bist Du nicht in der Kirche gewesen.« Ich antwortete: »Ich bin kurz vor der Wandlung gekommen.« Der Gottesmann gab mir den Rat: »Du solltest unsern Herrgott nicht beleidigen, wo er Dich doch geheilt hat.« Schmid half mir auch später immer wieder.

Geschrieben zu Dirlewang im Januar 1990

Herr Otto Nuscheler hat diesen Bericht über seine Krankheitsgeschichte als Achtzigjähriger geschrieben. Wir dürfen ihm dafür dankbar sein. Aus seiner Feder stammen auch unter den obigen Kurzberichten die »*Besonderen Beobachtungen*« (Nr. 9).

In einem telefonischen Interview am 22. Oktober 1994 konnte er zu seinem Fall noch Ergänzendes beisteuern, so vor allem dies, daß nach Aussage von A. Schmid seine Krankheit eine bösartige Ursache hatte. Das brauchte nicht Magie (Hexerei) zu sein. Es genügt schon Mißgunst, Neid oder Verfluchung, selbst wenn letztere nicht in voller Bösartigkeit geschieht. Der Verursacher wurde sogar später noch entdeckt.

Wenn man sich daran stoßen könnte, daß Schmid am Ostertag zu dem Schwerkranken sagen konnte, er solle das nächste Mal zu ihm kommen, so konnte das nur geschehen, weil er wußte, daß er in dieser Minute den fast Sterbenden gerettet hatte. Ferner erkannte der Wiedergenesende, daß Schmids persönliches Opferleiden ihm die Wendung gebracht hatte.

In dem genannten Interview erzählte H. Nuscheler noch ein paar ergötzliche Geschichten aus Schmids Lauchdorfer Tätigkeit.

In einer Schafkopfrunde blieb einmal einer der Spieler über Gebühr lange aus und ließ auf sich warten. Als er endlich kam, redete er sich mit einer fadenscheinigen Entschuldigung heraus. Schmid sagte zu ihm mit eigenartiger Bestimmtheit. »Ich weiß genau, wo Du gewesen bist.« Der Angesprochene reagierte nur mit Erröten eines Beschämten.

Ein andermal galt es, daß ein dem Rauchen leidenschaftlich verfallener Bursche dieses Laster aufgeben sollte. Schmid zündete ihm eine Zigarette an, rauchte sie an und gab sie dem Raucher. Es sei dessen letzte Zigarette gewesen.

Nicht selten wurde Alois Schmid angeschuldigt, er habe allzu leicht bösgeistige Ursachen oder Beeinflussungen vermutet. Er hat eben immer wieder mit seinem charismatischen Blick das Übel in der doppelten Dimension, der natürlichen wie auch der übernatürlichen, klar gesehen und mit der Segensmacht die Abwehr mobilisiert. Im Fall Nuschelers ist das ganz offenkundig. Jedem Heilkundigen, erst recht jedem Arzt, hätte das abnorme Krankheitsbild sowie der höchst eigenartige Verlauf auffallen müssen. Man hätte es mit Händen greifen können, daß es hier nicht mit rechten Dingen zuging. Hier konnte nur durch übernatürliche Hilfe, nämlich Exorzismus und Segen der Weg zur Erhaltung des Lebens frei gemacht werden.

Das erkannte einzig und allein Alois Schmid, und er hat den Sterbenskranken sozusagen in letzter Minute gerettet.

*Es war eine Heilung, die an das Wunderbare grenzte.*

## 2. Das Kind Edgar Reisch (Ps.) aus Ludwigshafen

Frau (Frl.) Josefine Reisch/Augsburg gab auf Ersuchen von Frl. Rosa Dauner, der einstigen Sekretärin des Alois Schmid, den folgenden Bericht.

Die Schreiberin ist väterlicherseits Tante des Kindes Edgar Reisch; sie teilte unter dem 15. November 1979 folgendes mit:

Zu Ihrer ersten Frage, wie Edgar war, bevor er zu H. Schmid kam: Daß seine Geburt durch eine Spritze beschleunigt wurde, stimmt nicht. Vielmehr wurde meiner Schwägerin im Krankenhaus der Bauch vor der Entbindung massiert, um eine schnellere Geburt herbeizuführen. Dadurch *soll das Kind einen Gehirnschaden erlitten haben.*

Es zeigten sich im linken Auge Blutsplitter — Gehirnblutung. Die Folge davon waren Anfälle (Gehirnkrämpfe) und eine linksseitige Lähmung von Hand und Fuß. Allerdings wurde die Ursache davon nie zugegeben, die Finger der linken Hand waren fest in die Handfläche verkrampft. Den linken Fuß hat er, nachdem er mit zwei Jahren das Laufen lernte, nachgezogen. Sprechen lernte er im zweiten Lebensjahr, und ziemlich deutlich.

Die Anfälle traten schon kurz nach der Geburt auf, oft bis zu 25 im Tag. Dabei verkrampfte sich der ganze Körper, und er schrie herzzerreißend. Als Edgar sechs Wochen alt war, war ich bei meinem Bruder und wurde Zeuge des erbarmungswürdigen Zustands. Es fiel mir auf, daß sich seine linke Hand nie öffnete oder die Finger bewegte. Die Hand fühlte sich immer feucht an, worauf ich aufmerksam machte.

Da die Anfälle immer häufiger und stärker wurden, zog mein Bruder verschiedene Ärzte, Heilpraktiker zu Rate, auch einen Professor in der Nervenklinik in Heidelberg. Alle Behandlungen blieben ohne Erfolg. Es wurden ihm — in der Hauptsache Luminaltabletten und andere Beruhigungsmittel verschrieben. Diesen aussichtslosen Zustand, dazu die vielen schlaflosen Nächte, konnten die Nerven meines Bruders nicht verkraften, denn als

Schriftsetzer hatte er einen anstrengenden Dienst. Er erlitt einen Nervenzusammenbruch. Sein behandelnder Arzt riet ihm, nachdem er für längere Zeit krankgeschrieben wurde, einige Wochen zu uns nach Augsburg zu kommen. Da die Mutter meiner Schwägerin ebenfalls in Augsburg wohnte, kam also die ganze Familie hierher.

Es war im April 1937. Edgar war sechseinhalb Jahre alt. Nach einer Woche bat mich meine Schwägerin, ich möchte Edgar im Sommer bei uns behalten. Dann würde sich mein Bruder bestimmt wieder erholen, wenn er das Kind nicht immer um sich hätte. Ich und meine Mutter (67 Jahre) und auch meine Schwestern waren einverstanden. Nach sechswöchigem Aufenthalt reisten Edgars Eltern wieder ab. Mein Bruder hatte sich einigermaßen erholt.

Im Juli 1937 fuhr ich mit Edgar für drei Wochen nach Tiefenbach und machte dann anschließend eine Wallfahrt zur lieben Gottesmutter nach Altötting. Im Zug traf ich eine gute Bekannte. Diese riet mir, mit Edgar zu H. Schmid nach Mindelheim zu fahren. Aber nachdem mein Bruder mit Ärzten und Heilpraktikern so schlechte Erfahrungen gemacht hatte, war ich skeptisch und konnte mich dazu nicht entschließen.

Nach einiger Zeit besuchte mich die erwähnte Bekannte, um zu erfahren, ob ich ihren Rat befolgt hätte. Da ich verneinte, weil ich kein Vetrauen hatte, war sie sehr enttäuscht und bat mich eindringlich, so daß ich zusagte.

Also fuhr ich an einem Mittwoch im August 1937 nach Mindelheim. Es waren mit der Bahn 59 km, dazu noch in Mindelheim ein Viertelstündchen zu Fuß zu gehen. Zuerst mußte ich zum Mitarbeiter von H. Schmid; dessen Namen weiß ich nicht mehr. Dann stand ich H. Schmid gegenüber. Er schaute Edgar in die Augen. Dann sagte er zu mir, das Kind sei total vergiftet, es habe wohl Luminal bekommen. Da müsse zuerst eine Entziehungskur gemacht werden. Während er mit mir sprach, strich er mehrere Male über Edgars Hand, wie so nebenbei. Dann sagte er: »Wenn Sie Glauben haben, werde ich dem Buben helfen können. Und da sind noch andere Kräfte im Spiel. Da muß ein Geistlicher her.« Ich wurde dann mit Edgar in ein anderes Zimmer geführt. Dort war H. St.Rat Portenlänger. Dieser betete über Edgar einen Exorzismus und forderte mich auf, diesen täglich über Edgar zu beten. H. Schmid verschrieb dann noch Medikamente, die ich per Nachnahme aus Wörishofen geschickt bekäme. Ich fragte ihn nach meiner Schuldigkeit. Er meinte: »Erst wollen wir mal weiter sehen. Kommen Sie in 14 Tagen wieder.«
Damit war ich verabschiedet. Ich weiß nicht mehr, wer mich per Auto an die Bahn brachte. Erst im Zug bemerkte ich Edgars linke Hand, die gar nicht mehr verkrampft war, dazu die Finger beweglich. Edgar selbst sagte dann voller Stolz: »Tanof, schau mei Handele.«

Von da an konnte er sie bewegen und leichte Sachen z. B. Körbchen tragen. Dann kamen die Medikamente.

Nach ungefähr einer Woche merkte ich, daß sich Edgars Urin ziemlich dunkel färbte. Die Anfälle wurden heftiger. Ich dachte, das sei eine Reaktion und fuhr alle 14 Tage nach Mindelheim, oft ohne Hoffnung. Es wurde von einer Woche zur andern schlechter mit Edgar. Er wurde völlig apathisch. Das Sprechen wurde immer schlechter, bis er überhaupt kein Wort mehr hervorbrachte. Und plötzlich konnte er nicht mehr gehen. Ich dachte: Jetzt fahre ich nicht mehr. Wenn der betreffende Mittwoch kam, zog es mich mit Gewalt nach Mindelheim. Und so ging es fast ein Jahr — zwischen Hoffen und Bangen, Zweifel und Vertrauen. Dabei wurde es mit Edgar immer schlechter. Im Februar 1939 bekam er zu allem noch Diphterie. Ich rief H. Schmid an und erklärte ihm die Symptome. Da sagte er: »Das ist Diphterie«, er werde daran denken. Ich mußte Edgar den Eiterschleim buchstäblich mit dem Finger aus dem Hals herausholen. Das ging so zwei Tage. Am dritten Tag nach meinem Anruf bei H. Schmid war das Fieber weg, auch die Schluckbeschwerden waren weg. Aber Edgar wurde immer teilnahmsloser und hinfälliger. Dessen ungeachtet betete ich ihm jeden Abend vor, erzählte ihm vom lieben Gott und sang ihm (trotz meiner schlechten Stimme) ein Abendlied und »Maria zu lieben« vor. Ob er etwas verstand und in seinem Gehirn reagierte, konnte ich nicht feststellen.

Nun kam der März. Ich hielt eine Novene zum hl. Josef. Aber leider trat keine Besserung ein. Da sagte ich zum hl. Josef: Und jetzt gehe ich zu Deiner Braut. Die hilft bestimmt, entweder zur Besserung oder für den Himmel.

Fest Mariä Verkündigung! Ich ging früh um 6 Uhr in die hl. Messe. Ich brauche Ihnen wohl nicht zu sagen, was mich bewegte. Nachdem ich heimkam, ging meine Mutter in die Kirche. Ich setzte mich an Edgars Bett. Er schlief noch. Doch zu meinem Erstaunen waren seine Gesichtszüge entspannter, gelöster als sonst. Nun, ich redete der Muttergottes meinen ganzen Kummer vom Herzen. Nach einiger Zeit wachte Edgar auf und ich erzählte ihm von der Himmelmutter, daß sie heute ihren großen Festtag hat; und wenn Du recht lieb bist, hilft sie Dir. Und nun kommt das große Wunder:

Edgar setzte sich im Bett auf, was er bislang allein nicht konnte. Und mit strahlenden Augen fing er an zu singen: Maria zu lieben. Aber ich wußte im Augenblick nicht, ist es Wahrheit oder ein Traum. Da kam meine Mutter nach Hause, und ich erzählte ihr den Vorfall, sagte auch, ich wisse nicht ob es wahr oder eine Einbildung sei. Edgar hatte sich inzwischen wieder hingelegt. Mutter sagte darauf: Man darf von unserem Herrgott nichts erzwingen. Er wird wissen, warum es so ist. Dann trat sie ans Bett von Edgar. Da setzte er sich wiederum auf und sagte: »Großmama, ich kann singen« und sang die zweite Strophe. Nun war meine Mutter selbst Zeugin, und wir weinten beide. Edgar aber sagte: »Ich freue mich, Himmelmutti, ich habe große Freude.« Dann rutschte er aus dem Bett und ging, zwar etwas unsicher, in die Küche. Von da an konnte er wieder ganz deutlich sprechen und singen, sogar das lateinische Pange lingua. Im Lauf des Tages fragte er: »Wann gehen wir zum H. Schmid?« Mich drängte es selbst, und so fuhren wir noch in der gleichen Woche nach Mindelheim. Beim H. Schmid angekommen war Edgars erstes Wort: »Herr Schmid, — i mag Dich!«

Dieser konnte im ersten Moment, ebenso wie ich, nichts sagen. Dann nahm er Edgar auf den Arm und sagte: »Bub, sag's noch einmal!« Dabei standen ihm Tränen in den Augen. Wir wurden zum Mittagessen eingeladen.

H. Schmid sagte zu mir: »Frl. Reisch, wir haben für Sie gebetet, daß Ihr Glaube nicht wanke.« Ich fuhr weiter zu H. Schmid. Edgar machte gute Fortschritte, so daß ich ihm sogar Privatstunden bei den Englischen Fräulein geben lassen konnte …

Am 8. Juni (Samstag) 1940 — eine Woche vor Schmids Tod waren wir das letzte Mal bei ihm. Da nahm er Edgar auf den Schoß und redete mit ihm vom lieben Gott und sagte unter anderem: »Bub, vergiß Dein Schmidlein nicht!« Da wurde es mir ganz eigen zumute und ich konnte in der Aufregung nur fragend sagen: »Ja, Herr Schmid!?« Da setzte er Edgar auf den Stuhl, schaute uns mit einem Blick wie aus weiter Ferne an. — Am 16. Juni ging die große Opferseele heim zu Gott.

Am Begräbnis konnte ich mit Edgar teilnehmen. Als wir uns am Grab verabschiedeten, sagte Edgar: »Herr Schmid, Vergelt's Gott!« ...

Erwähnen möchte ich noch, daß H. Schmid nie etwas für seine Bemühungen annahm. Im Gegenteil, das letzte Jahr hat er sogar die Medikamente selbst bezahlt.

Das Wohlbefinden und die guten Fortschritte hielten bei Edgar an bis 1942.

1941 empfing er die erste hl. Kommnunion. Er war ein frommer Bub.

1942 erlitt er einen Schlaganfall und war nun ganz gelähmt. Ich mußte ihn im Rollstuhl fahren, und das Sprechen fiel ihm schwerer. Aber er war ein großer Beter. So konnte er ganze Nächte hindurch beten. »Tante, ich muß doch beten. Die Menschen tun so böse Sachen in der Nacht. Sie tun den lieben Gott so viel beleidigen.« In seinen letzten Wochen konnte er oft sagen: »Ich möchte zum lieben Gott.« Am 18. März 1947 ist er gestorben.

Wenn ich so zurückdenke, muß ich sagen: Es hat mir wirklich schon viel geholfen, in seelischer und materieller Beziehung, ich muß bekennen, daß es mir wirklich gut geht. Habe keine finanziellen Sorgen, kann in der Klinik täglich meinen Helferdienst noch leisten, gesundheitlich im großen Ganzen zufriedenstellend, habe allen Grund, Gott täglich zu danken. — Soweit Frl. Reischs Bericht.

Zu beachten ist bei dem Fall Edgar Reisch, daß die Bemühungen des Heilpraktikers Schmid ganz wesentlich unterstützt worden sind durch das echt christliche Leben der Angehörigen in Augsburg. Dieses Frl. Josefine Reisch — sie ist leider nicht auffindbar — war doch von einer ganz tiefen Religiosität und hat durch ihr vertrauensvolles Gebet geradezu ein Wunder erwirkt. Dabei war sie sozusagen in einem unsichtbaren Hintergrund unterstützt von Alois Schmid. Durch das Zusammenwirken so günstiger Faktoren können zuweilen fast aussichtslose Fälle Hilfe erfahren — entgegen allen menschlichen Berechnungen.

# III. Alois Schmid — ein Wegweiser und Lehrer von Priestern

Die beiden gehören zusammen: das Amt und das Charisma, beide in all ihren Verzweigungen und Ausformungen. Die kirchlichen Amtsträger, der Papst, die Bischöfe und Priester führen die Sendung Jesu Christi fort und haben die Erlösungsgnaden den gläubigen Menschen zuzuwenden, nachdem das Evangelium verkündet ist. Die Geistesgaben aber führen, wie schon der deutsche Name für Charisma erkennen läßt, die Sendung und das Wirken des heiligen Geistes fort. In der Urkirche wirkten das Amt und das Charisma in fruchtbarer Zusammenarbeit, soweit die wenigen überlieferten Schriften erkennen lassen. Die Amtsträger haben die Charismatiker zu prüfen und zu leiten. Die Charismatiker aber haben in Unterordnung unter die Amtsträger ihren Beitrag zum Aufbau der Gemeinde bzw. der Kirche zu leisten. Sie haben aber auch ihren Auftrag gegenüber den Amtsträgern, sofern sie Glieder der Kirche sind, zu erfüllen. Sie können Wesentliches zum Aufbau der Kirche und der kirchlichen Zellen leisten. Dabei darf nicht übersehen werden, daß hierin Frauen wesentliche Dienste geleistet und entscheidende Anregungen für die Amtsträger gegeben haben. Ein paar Beispiele aus der Geschichte:

Eine Katharina von Siena war es, die den Papst aus Avignon nach Rom zurückgeführt hat.

Margarita Maria Alacoque hatte die Offenbarungen des Herzens Jesu bekannt zu machen, aber auch die Weihe Frankreichs ans Herz Jesu zu fordern. Wäre sie rechtzeitig erfolgt, so wäre, wie manche wissen wollen, die französische Revolution vermieden worden. Dies vorausgesetzt — wie ganz anders wäre die Geschichte Europas in den letzten zweihundert Jahren verlaufen.

Ein weiteres Beispiel: Die (sel.) Sr. Maria zu Droste-Vischering war es, die zu Beginn unseres Jahrhunderts den Papst Leo XIII. angeregt hat, die Welt dem Herzen Jesu zu weihen. Der Papst nahm die Anregung an.

Auf eine Kurzformel gebracht, ließe sich sagen: Die Amtsträger sind Vermittler der Erlösungsgnaden, die Charismatiker aber der Geistesgaben. Es darf allerdings nicht verkannt werden, daß Amtsträger einerseits mehr oder weniger Charismen über ihr Amtscharisma hinaus haben können, daß aber auch umgekehrt ihr eigentliches Amtscharisma häufig nicht voll entfaltet ist.

Gerade in letzter Beziehung war es Alois Schmid gegeben, unterstützend bei Priestern einzugreifen. Was er dabei aus der Kraft des Heiligen Geistes sagte, ergriff die Angesprochenen bis in die tiefste Seele. Lassen wir darüber zwei Priester zu Wort kommen:

# Pfarrer Ferdinand Melf berichtet unter dem 22. August 1991:

Als junger Priester aus der Erzdiözese München-Freising habe ich den Heilpraktiker Alois Schmid im Jahr 1935 kennengelernt. Schon beim ersten Gespräch erlebte ich diesen Laien als einen katholischen Christen mit Herz und Blut, mit einer Überzeugung für die katholische Wahrheit und mit einer Liebe zur katholischen Kirche. Er sprach von der Wichtigkeit des Gebetes, daß man mit dem Gebet alles erreichen kann, was man will, sofern es im Willen Gottes begründet ist. Auch er verdanke alles dem gläubigen Gebet, was er erreicht habe. Aber fügte er hinzu, das Gebet müsse mit einem großen, tiefen Vertrauen auf Gott begleitet sein. Das Wort: Suchet zuerst das Reich Gottes und seine Gerechtigkeit, dieses Wort ist wahr, das habe ich erlebt, aber unsere Arbeit, unser Mühen, müssen zur Ehre Gottes geschehen. Seine Devise war: Alles aus Liebe zu Gott und aus Liebe zum Heil der Seelen. Dem Zweifel im Gebet gab er eine totale Absage. Nie dürften wir an Gottes Hilfe verzweifeln. Wer zweifelt, der schmeißt sein Gebet weg und kann keine Erhörung erwarten. In dieser Hinsicht war Alois Schmid ein Lehrer im Gebet ...

Alois Schmid schätzte die hl. Messe und empfing täglich die hl. Kommunion. Er wußte vom Glauben her, was die heilige Messe ist und wußte ebenso gut, was sich in der hl. Messe vollzog. Mit seinem täglichen Kirchgang zur Messe und Anteil an der hl. Kommunion hat er der katholischen Stadtpfarrei Mindelheim ein herrliches Beispiel gegeben. Ebenso schätzte und verehrte er das Priestertum unserer Kirche. Darum hat er auch einem jungen Menschen als Spätberufenen das ganze Theologiestudium finanziert ...

Alois Schmid schätzte den Priestersegen und erbat sich von jedem Priester den Segen, wenn es sein konnte. Er sprach auch vom Laiensegen und war traurig darüber, daß unsere Christen nicht wissen, daß sie als Getaufte und Gefirmte segnen dürfen und segnen sollen. Die Mütter sollen immer die Kinder segnen und alles segnen, was man zum Leben braucht.

Alois Schmid hat immer alles gesegnet, was er gekauft hat, ob es Lebensmittel oder Textilien waren. Er sagte oft: »Viele Fluchworte sind auf einem Laib Brot, bis er im Laden gekauft wird. Durch den Segen muß der Fluch weichen, und die Speise gereicht dann dem, der sie genießt, zum Segen.«

A. Schmid sprach auch oft vom Wert und der Bedeutung der Sakramentalien in unserer Kirche. Man solle sorgen, daß geweihte Gegenstände im Haus sind, man solle das Weihwasser im täglichen Gebrauch haben und sich mit Glauben bekreuzigen auf Stirn, Mund und Brust. »Allein mit dem Kreuzzeichen kann man schon böse Einflüsse vertreiben.« Er wußte auch vom bösen Einfluß des Satans und empfahl den kleinen Exorzismus als Schutzgebet gegen die teuflischen Machenschaften im Haus, in der Familie, im Stall, beim Vieh. Allen Priestern, mit denen er zusammentraf, gab er die Bitte mit, sie sollten viel segnen und auf den Segen vertrauen.

Alois Schmid hatte großes Mitleid mit den Menschen, die mit Kreuz und Leid und Krankheiten heimgesucht waren. Er hat sie getröstet und ihnen Mut gemacht, alles Leiden Gott aufzuopfern, daß es verdienstlich werde für die Ewigkeit. Er hat selbst im Leben viel gelitten und ist im gottgetragenen Leid Gott näher gekommen und reif geworden für den heiligen Willen Gottes. A. Schmid war ein großer Verehrer des Heiligen Geistes. Er besaß eine natürliche Menschenkenntnis und darüber hinaus eine Weisheit vom Heiligen Geist und konnte und durfte diese Begabung in seiner Praxis anwenden und konnte so vielen Menschen helfen, heilen und trösten.

Für mich als jungen Priester war die Begegnung mit A. Schmid eine große Ermutigung im Glauben, eine Bereicherung für das christliche Hoffen und ein Beispiel von einem Laien, wie man beten soll (aus Liebe zu Gott), wie man das Meßopfer schätzen und ehren soll, wie man auf den Priestersegen vertrauen soll, aber auch wie man alles tun soll aus Liebe zu Gott und für das Heil der Menschen. Ich bin jetzt 80 Jahre alt und konnte diesen Laien nicht vergessen. Heute bin ich ihm noch dankbar für sein Wort, das er zu mir sprach, für das herrliche Beispiel seiner Liebe zur Kirche und zum Priestertum.

1936 lernte ich einen Kapuziner (Frater) im Kloster
Hl. Kreuz (in Mindelheim) kennen. Auf meinen
Vorschlag besuchten wir A. Schmid. Es war ein
kurzes Gespräch in seinem Hausgang. Alois sagte
spontan zum Bruder: »Ich will mit ihnen später re-
den.« Der Frater erklärte, er müsse pünktlich im
Kloster eintreffen. Alois: »Ich lasse Sie dann heim-
fahren.«
Tags darauf fragte mich Alois, ob ich etwas gese-
hen hätte. Ich verneinte es. Alois: » Sie haben ein
gutes Werk getan.« Der Kapuziner schrieb mir
kurz: *Das war die größte Begegnung meines Lebens.*
Zwei Kapläne fuhren von Dachau zu Alois Schmid.
Er sagte: »Auf der Heimfahrt droht ein Unglück.
Machen Sie den Segen über das Motorrad.« Im
Wald ist wohl etwas über die Straße gelaufen. Nach
der Schreckenssekunde ging es wieder gut weiter.
Kaplan Kleiner war dabei; er ist schon gestorben.
Ein Mitbruder mußte 1936 die Kirche erweitern.
Alois sagte zu ihm sehr ernst: »Ist es notwendig?«
Antwort: »Ja.« Alois. »Ich unterstütze Sie im Glau-
ben.«
Trotz großer Geldnot konnte das Werk gelingen.
Am Fest Maria Königin, 1991
Siegel (kath. Pfarramt St. Martin Pastetten)
gez. Ferdinand Melf
(G.R. Ferdinand Melf, Pfarrer)

## Pfarrer i. R. Kurt Schrammel berichtet (undatiert) über seine Begegnung mit Alois Schmid:

Als ich im Jahre 1939 in meiner Heimat im Sudetenland kurz nach einer schweren Herzerkrankung von bekannter Seite auf Herrn Alois Schmid hingewiesen wurde, fuhr ich im Oktober 1939 nach Mindelheim, nahm dort Quartier im Kloster der Englischen Fräulein und meldete mich dort zu einem Besuch bei H. Alois Schmid an.

Schon die erste Begegnung mit H. Schmid ist mir unvergeßlich in Erinnerung geblieben. Sein klarer und durchdringender Blick — so schien es mir — erkannte mich bis ins Innerste. So empfand ich es, und diese Empfindung bestätigte dann eine zweite längere Begegnung an einem Abend im Sprechzimmer. In einem längeren Gespräch erinnerte er mich zuerst an einige Vorkommnisse aus meinem Leben, von denen ich nichts erzählt hatte, und die sich nur zwischen Gott und meiner Seele zugetragen hatten. Das konnte er nur von einer ihm von Gott geschenkten Schau wissen.

Aufgrund einer ebensolch inneren Schau sprach er dann zu mir von einer so tiefen Auffassung von Bedeutung, Verantwortung und göttlichen Erwählung zum Beruf des Priesters, daß mir diese Erkenntnis stets zutiefst bewußt blieb. Dafür bin ich Vater Schmid immer dankbar.

In Erinnerung blieben mir auch seine Worte, die er sprach, wenn wir uns bei der Haustür verabschiedeten. Wie ein Fels stand er da und sagte mit Worten, die mir wie gestern gehört ins Ohr klingen: »Glauben und Beten!« Und das andere Wort: »Herr ist unser Herrgott.«

Herr Schmid war ein Mann von großer Menschenkenntnis, dem das Heil der Seele mehr als die Gesundheit des Leibes am Herzen lag. Durch eine innere Schau wußte er die Ursache einer Krankheit und konnte die Mittel aus dieser Erkenntnis angeben, die zur Gesundheit führen konnten. Er durchschaute auch die Fehler der Menschen und wirkte hin auf die Bekehrung. Dieses Charisma verband er mit einer Glaubensstärke und einer Demut, die alles dorthin lenkte, woher er alle Gaben erbat: auf Gott, den allmächtigen Vater. Wie sehr er die Kirche liebte und sich mit Gebet und Opfer um gute Priester einsetzte, ist allen bekannt, die von diesem seinen Anliegen erfahren durften.

In meinem seelsorglichen Wirken fühle ich mich übers Grab hinaus mit Alois Schmid verbunden und bin überzeugt, daß er vom Himmel aus weiter Rat und Hilfe für die Arbeit an den Seelen am Thron Gottes erfleht.

gez. Kurt Schrammel, Pf. i. R.

(geschrieben in Vöhringen 1991)


Diesen Berichten der beiden Geistlichen, beide Jahrgang 1911 und heute noch seelsorglich tätig, kommt gewissermaßen die Bedeutung eines Quer-

schnittes im Kapitel »Alois Schmid und die Priester« zu.

Wie breit gefächert war doch Schmids Ausstrahlung! Schon 1935 finden schon eine Reihe von jungen Geistlichen aus dem weiteren Umkreis zu ihm,
wie hier aus der Münchener Erzdiözese. Im Jahr
1939 ist es der junge Priester Schrammel aus Nord-
böhmen (Diözese Leitmeritz), den es zum Mindelheimer Schmid hinzieht. Aus Schmids Gesprächen
war zu erfahren, daß er vor allem auch nach Berlin
engere Beziehungen hatte und von dort aus immer
wieder angegangen wurde. Von einem Benedikti-
ner aus Österreich konnte der Verfasser erfahren,
wie sehr er sich durch Alois Schmid gefördert
wußte.

Dem aufmerksamen Leser dürfte nicht entgangen
sein, was beiden Berichten ganz auffallend gemein-
sam ist, nämlich die Betonung, wie tief und unaus-
löschlich Schmids Worte sie berührt haben und ihnen noch im hohen Alter ganz lebendig geblieben
sind. Das ist etwas ganz Charakteristisches bei
Alois Schmid gewesen. Er wußte um die Tiefen-
wirkung seiner Worte und sprach sich darüber aus:
Was aus dem Heiligen Geist gesagt werde, das
dringe tief ein und fordere den Menschen heraus.
Unwillkürlich mußte einem in seiner Gegenwart
das Wort aus Hebr 4, 12 in den Sinn kommen: »Voll
Leben ist Gottes Wort und voll Kraft und schärfer
als jedes zweischneidige Schwert.«

Und eben dies war es auch, was er als eine der
wichtigsten Aufgaben des Priesters hervorhob: Der

Priester soll lauter und mit der Kraft des Heiligen Geistes Gottes Wort verkünden und aus solcher Kraft auch die Menschen ansprechen, er soll »persona Christi«, das Wort im ursprünglichen Sinn verstanden, sein: das Instrument, durch das Christi Wort zu den Menschen gelangt und die Menschen trifft. Besonders tadelnswert fand Alois Schmid an Priestern, daß sie das Wort des Papstes zu wenig achteten oder gar ignorierten. Das sei ein schwerer Mißstand in der Kirche. Im Papst spreche Christus, und die Priester hätten es als ihre besondere Pflicht zu betrachten, das Wort des Heiligen Vaters mit Ehrfurcht aufzunehmen und ihm nach Möglichkeit Geltung zu verschaffen. Ist diese ernste Mahnung nicht gerade in unsere Zeit hinein gesprochen? Erst wenn man weiß um die Macht des Wortes, über die Alois Schmid verfügte, öffnet sich der Blick auf seine Persönlichkeit. Und diese Macht ist noch heute lebendig. Das ist schließlich ihr eigenster Wert. Und darum: *Defunctus adhuc loquitur* — er (Alois Schmid) ist zwar tot, aber er spricht noch heute, nämlich Worte der Wahrheit, Worte des Trostes und der Ermutigung, ebenso auch Worte tiefsten Ernstes.

# Nachwort

Wenn es heute Sitte ist, anläßlich des hundertsten Geburtstages jene Menschen in Erinnerung zu bringen, die nicht vergessen werden sollten, dann gehört zu diesen sicher auch Alois Schmid, der große Charismatiker. Oft wurde innerhalb der Kirche bedauert, daß es nicht mehr »*Zeichen und Wunder*« gebe wie in der apostolischen Zeit und in der Urkirche.

Nein, die Charismen sind auch heute noch lebendig. Sie sind seltener geworden, aber sie sind da, und zwar überall dort, wo ein wirklich echtes Christentum lebt und dem Heiligen Geist Herzen geöffnet sind.

Vielleicht noch wichtiger ist, daß Alois Schmid das Beispiel eines echten, aufrechten Christen gegeben hat in einer Zeit, wo so viel Enge und Verkrampftheit das wenig anziehende Bild eines verkrüppelten Christentums dargeboten hat. Alois Schmid verkörperte ein aufrechtes, mannhaftes und frohes Christentum, das unserer Zeit so nötig täte. Alois Schmid hat in der Welt gelebt als einfacher Laie, aber ganz mit Gott verbunden. Das sind die Menschen, die auch die Kraft haben, sich für andere ganz einzusetzen. Ihre Kraft scheint unerschöpflich zu sein, denn auch ihre Liebe zum Nächsten ist von einer Tiefe, die die natürlichen Grenzen und Maße sprengt.

Es wäre jammerschade, wenn wir uns nicht an solchen Vorbildern neu besinnen würden. Von ihnen geht Gnade und Kraft aus. Darum ist unsere Generation und nicht zuletzt auch unsere Jugend so verarmt, weil sie keine Ideale mehr kennt in großen Vorbildern, und weil sie keine Ahnung davon hat, wie gnadenhaft die glaubensvolle Verbindung mit den großen Vorbildern, schließlich mit den Heiligen verknüpft ist. Dafür berauscht man sich an den Stars des Sportes und der Leinwand. Damit gängelt der Gottseibeiuns das Völklein und zieht es auf seine breite Straße, die der Weg zum Verderben ist.

Dank sage ich aufrichtig für so viele Hilfe, die ich erfahren durfte bei der Suche nach den Spuren und Steinchen, aus denen das Lebensbild des Gottesmannes — wie Otto Nuscheler heute noch in Ehrfurcht ihn nennt — sich zusammensetzen ließ. Größte Hilfe bot da selbstverständlich und sehr bereitwillig H. Pfarrer (Dekan) Heribert G.; er stellte seine wertvollen Materialien, soweit sie noch vorhanden sind, zur Verfügung. Ein erste Biographie Schmids hat der in Gott ruhende Pfarrer Otto Portenlänger († 1980) verfaßt, die von einer mystischen Tiefe ist und die mir zu Verfügung stand. Wertvolles Material steuerten bei die Herren Dr. Josef und Dr. Carl Ruf, wie oben schon erwähnt wurde, sowie die übrigen Berichterstatter.

Wo es der Datenschutz erforderte, mußten pseudonyme Eigennamen in Anwendung kommen.

Sie sind jeweils durch beigegebenes (ps.) gekennzeichnet.

Mit all diesen Beihilfen betrachtet tritt diese bescheidene Biographie ihren Weg in die Öffentlichkeit an und will Zeugnis ablegen für den Gottesfreund Alois Schmid, dessen Andenken gesegnet ist.

Als Letztes sei noch in Erinnerung gebracht jenes Wort, das Alois Schmid immer wieder, fast beschwörend, zu den Geistlichen, die ihn besuchten, gesprochen hat. Er sagte, was für unsere Zeit in besonderer Weise gilt:

»In der Kirche geht es soweit voran, als geglaubt, gebetet und geopfert wird.«

Das ist der rettende Dialog, der Dialog mit Gott!

St. Ottilien, Allerheiligen 1994

## Nachruf am Grab des Alois Schmid am 20. Juni 1940 von Spiritual Otto Portenländer.

In christlicher Trauer Versammelte ! Als einer aus dem Kreise derer, die dem lieben Verstorbenen Alois Schmid die größte Wohltat ihres Lebens verdanken, als einer, der durch Gottes Fügung ihm fast sechs Jahre hindurch besonders nahe stehen und aus dem Reichtum seines Lebens schöpfen durfte, spreche ich hier am offenen Grabe sein geistiges Testament aus.

Jesus Christus hat gesagt: "Tut meine Worte und ihr werdet sehen, daß sie aus Gott sind!" Die Befolgung dieses Wortes faßt am kürzesten zusammen, was Alois Schmid in seinem Leben gewollt, erstrebt und vollzogen hat.

Das erste Christuswort, das er gelebt hat, lautete: "Wer glaubt, wird gerettet werden." Für ihn war dieser Glaube kein bloßes Aufnehmen und Hinnehmen. Er forderte, daß der katholische Glaube wirklich gelebt werde. Einmal schrieb er einem Freund in ein Geschenkbuch die kurzen Worte: "Glaubt alles!" Wahrhaftig, er hat uns das ganze apostolische Glaubensbekenntnis in das Leben übersetzt.

Das erste Bekenntnis unseres apostolischen Credos an Gott, den allmächtigen Vater, Schöpfer des Himmels und der Erde, prägte Alois Schmid in seiner Art in das kernige Wort: "Herr ist unser Herrgott." Wie oft hat er dieses Wort mit der ganzen Kraft seiner Überzeugung Priestern und Laien in die Seele gerufen, es aufgerichtet wie einen unsichtbaren Damm, wenn Mutlosigkeit, Verzagtheit und irdische Denkart an ihn heranflutete! Wie oft riß er die Seelen damit heraus aus der ängstlichen Sorge für das Zeitliche, empor zum unbedingten Glauben an die Macht Gottes! Dieses Wort aus seinem Mund hatte deshalb solche Macht, weil er es selbst in den harten Prüfungen seines eigenen Lebensweges beharrlich und gänzlich geglaubt hatte, weil er mitten in den Schlachten des Krieges, in furchtbaren körperlichen und seelischen Leiden, durch Verachtung, Verkennung und Verleumdung hindurch daran unerschütterlich festgehalten hatte.

Das zweite Bekenntnis unseres apostolischen Credos an Jesus Christus, den eingeborenen Sohn Gottes, unseres Erlösers übersetzte er in seiner Sprache mit dem Worte: "Im Namen Jesu siege ich." Der Glaube an Jesus Christus war für ihn nicht bloß der Glaube an die vollzogene Erlösung, an die von der Kirche gespendeten Sakramente. Er glaubte an die ganze immer gegenwärtige Fülle und Macht des Erlösers, ihre ganze Länge und Breite, Höhe und Tiefe, an den Christus, der wirklich den Tod und die Hölle überwunden und am Kreuze die finsteren Gewalten und Mächte entwaffnet hat. Sein Glaube umfaßte die ganze Fülle der katholischen Idee. Und diesen Glauben lebte er. Seine Macht vollzog er. Wo die Natur mit ihren Ängsten kommt, wo der Verstand seine Wenn und Aber aufbietet, wo die irdische feige Klugheit ihre Rücksichten beansprucht, da forderte er den hundertprozentigen Glauben. Mit diesem Glauben setzte er sich zur Wehr, gebot er der Flut von körperlichen und seelischen Leiden, die immer mehr steigend zu ihm strömte, richtete Gebrochene auf, sprengte geistliche Fesseln, heilte und bekehrte er. In diesem machtvollen Namen Jesu hatte er ja selbst gesiegt.

Das dritte Bekenntnis unseres apostolischen Credos an den Heiligen Geist, den Lebendigmacher, übertrug er in die Forderung: "Laßt euch führen vom Heiligen Geist!" Alois Schmid war der Feind der religiösen Unselbständigkeit. Er suchte und forderte den selbständigen,gläubigen Gerechten, der im Gegensatz zum hochmütigen Eigendünkel des Verstandes und Willens wächst unter der bewußt befolgten Führung durch die Gnade des Heiligen Geistes. Darum forderte er unermüdlich von den Priestern: "Betet viel zum Heiligen Geist" und mahnte unzählige Male die Kinder des Volkes: "Betet zum Morgengebet ein Vater unser zum Heiligen Geist."Darum war seine Lieblingsidee: Die Ehen im Heiligen Geiste aufzubauen und die Eheleute zu lehren, in der Gnade des Heiligen Geistes Kindern das Leben zu schenken und sie in diesem Geiste zu erziehen.

Das vierte Bekenntnis des apostolischen Credos an die heilige katholische Kirche sprach er in dem Satze aus: "Ohne die Kirche und ihre Priester könnt ihr nichts tun." Er, dem die Selbständigkeit über alles ging, der nie einem Vereine sich angeschlossen hat, er erkannte und anerkannte restlos aus dem Glauben und seiner Schau das katholische Führungsprinzip der Kirche. Er blieb trotz seiner großen Erfolge, seines weiten Wirkungskreises und seines tiefen Einflusses auf Menschenseelen das einfache Pfarrkind seiner Pfarrei in Mindelheim. Wie achtete er diese göttliche Ordnung ! Wie haßte er ihre Verzerrung ! Aus diesem Glauben lebte er seine grenzenlose Hochschätzung des katholischen Priestertums. Er schaute dessen Herrlichkeit und Macht, aber auch die ganze Größe seiner Verantwortung. Seine oft mißverstandene Strenge in den Forderungen an die katholischen Priester entsprang der

Erkenntnis: Ich kann dem Volke nicht helfen ohne sie. Priester wirklich zu Priestern zu machen, den Glauben an ihre Priestermacht zu wecken, die Priester zur Nützung ihrer Segensgewalt zu mahnen, dafür opferte er unzählige Stunden - ja Nächte. Darum hat er auch einen ihm von Gottes Vorsehung zugeführten Priesterberuf durch geistige und materielle Opfer wie einen Vater betreut, bis er ihn hinführen konnte zum Altare. Darum sah er in diesem Werke die Krönung seines Lebens und Gott hat diese Krönung angenommen.

Das zweite Christuswort, das Alois Schmid gelebt hat, lautete: "Betet ohne Unterlaß!" Er hat es allezeit bekannt: "Nichts von allem, was ich erreichte, habe ich ohne Gebet erreicht - alles würde zusammenbrechen, würde ich aufhören zu beten." Der Mann, der von früh sechs bis nachts zehn, elf, ja zwölf Uhr im Sprechzimmer stand um zu helfen und zu heilen, war zuvor eineinhalb Stunden auf den Knien um zu beten, unterließ es selbst unter größtem Opfer nicht, jeden Morgen wenigstens einem heiligen Meßopfer beizuwohnen und die heilige Kommunion zu empfangen.

Noch in den letzten Tagen, aus seinem schweren Leiden heraus, hat er ausgerufen: "o wie froh bin ich, daß ich allzeit gebetet habe! - Wie sind doch die betrogen, die ihr Gebet auf die Tage der Krankheit aufschieben!" Wie konnte er aufbrausen, wenn die Leute ihm klagten: "Jetzt habe ich soviel gebetet und doch nichts erreicht." Er duldete es nicht, daß jemand in seiner Gegenwart die Unbedingtheit der Verheißung für das beharrliche Gebet anzweifelte. Er glaubte rückhaltlos: Das beharrliche Gebet siegt immer.

Das dritte Christuswort, das Alois Schmid gelebt hat, lautete: "Wer glaubt wird die Werke tun, die ich getan habe." Er glaubte ohne Abstriche an das ganze Evangelium , darum erfaßte er auch die Worte des Himmelfahrtsevangeliums in ihrem vollen Sinne. So wurde er der große, weithin bekannte Helfer der leidenden Menschen. Als solchen kannte ihn das Volk. Ich brauche hier nicht davon Zeugnis geben. Dieses Zeugnis steht geschrieben in lebendigen Menschenherzen, wird bestätigt von vielen, die unter euch hier stehen und Hilfe und Heilung empfangen haben. - Eines aber möchte ich all denen zurufen, die durch ihn Hilfe erlangten, was der Verstorbene mehr als einmal in erschütterndem Ernste ausrief: Wehe jenen, die nicht nützen, was sie durch mich von Gott empfangen haben!"

Das vierte Christuswort, von dem Alois Schmid freilich kaum sprach, das aber in seinem Leben verwirklicht wurde, lautete: "Der Jünger kann nicht über dem Meister stehen." Er mußte die ganze Wahrheit des Apostelwortes erfahren: "Niemand kann in dieser Welt mit Christus leben, ohne auch mit Christus zu leiden." Schmid half und half und half und nahm Lasten auf sich, bis sie immer schwerer und drückender, ja fast erdrückend wurden. Damit stoße ich auf das innerste und eigentliche Geheimnis dieses Lebens. Es geht nicht an, dessen Schleier zu hier zu lüften. Lassen wir es geborgen in der Liebe des heiligen, gerechten und barmherzigen Gottes! Nur mit einem Wort möchte ich andeuten, was ich damit meine. Es war am Tag vor seinem Sterben, am Samstag um elf Uhr, als man in der Pfarrkirche läutete zur Erinnerung an die Stunde, da Jesus sein Leben dem himmlischen Vater hingab. Da sprach der Schwerkranke, dessen Kehle von Hitze und Trockenheit schon rauh geworden war aus der Leidensnacht heraus die Worte: "O Gott, in Deine Hände gebe ich alles. - Ich bin fertig."

Nun schweigt sein Mund, seine Hand, die soviel geheilt, gesegnet, gegeben hat, ruht. Aber wir sprechen mit dem lebendigen Glauben, den er uns vorgelebt und gelehrt hat, die Worte der Kirche am Grabe nach: "Wer an mich glaubt, wird leben, wenn er auch gestorben ist und wer da lebt und an mich glaubt, wird nicht sterben in Ewigkeit."

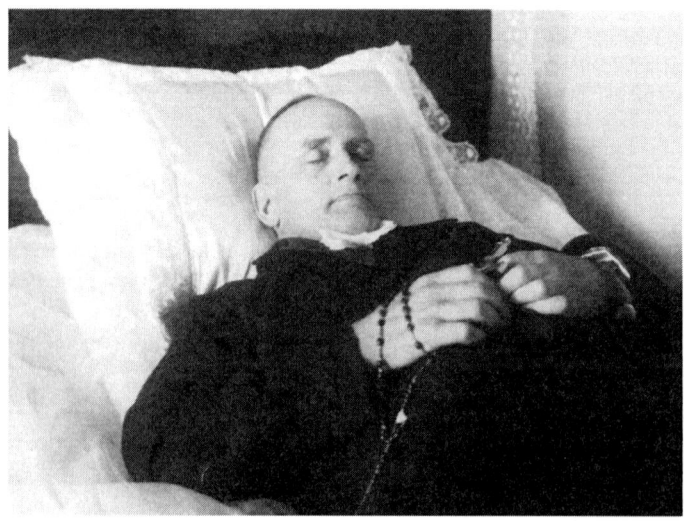

# Grabrede,

gehalten von Hochw. Herrn Stadtpfarrer
Martin S ch o r e r.

In christlicher Trauer Versammelte!

Am letzten Sonntag, dem Tage des Herrn, als die Pfarrgemeinde Mindelheim in der Stadtpfarrkirche zum Pfarrgottesdienst versammelt war, kämpfte ein Mitglied der Pfarrfamilie, der in weiten Kreisen bekannte und geschätzte Heilpraktiker Alois S c h m i d den letzten und schwersten Kampf,
den Todeskampf. Als vom Kirchenchore aus jubelnd das
Gloria und Sanktus durch den weiten Kirchenraum hallte und
unsere Kirchensänger flehend das Kyrie eleison und Agnus
Dei sangen, beteten priesterliche Freunde an seinem Sterbe-
lager mit unserer hl. Mutter - Kirche: „Erbarme Dich meiner,
o Gott, nach Deiner großen Barmherzigkeit! Auf Dich habe
ich gehofft, o Herr, ich werde nicht zuschanden in Ewigkeit.
In Deine Hände, o Herr, empfehle ich meinen Geist!"

Kaum hatte der Priester beim Sonntagsopfer das „Ite
missa est" dem versammelten gläubigen Volke zugerufen, als
einer der Unsrigen, ein tief gläubiges Pfarrkind, Herr Alois
Schmid das „Ita missa est" über sein Lebenswerk setzte und
seine unsterbliche Seele, ergeben in Gottes hl. Willen, in die
Hände des Schöpfers zurückgab.

In tiefer Trauer, bitterem Schmerze und aufrichtiger
Teilnahme stehen wir heute an seinem Grabe, am Grabe eines
Mannes, der sich in vielen Kreisen des Städtchens so großer
Beliebtheit erfreute, dessen Ruf und Berühmtheit bekannt war
in der ganzen Umgebung, ja weit hinausreichte in die Gaue
unseres deutschen Vaterlandes. Wir stehen am Grabe eines
großen Wohltäters und Menschenfreundes, bei dem Tausende
und Abertausende in Seelen- und Leibesnöten Heilung gesucht
und gefunden haben.

Ich möchte über sein Grab schreiben die Worte unseres göttlichen Meisters Jesus Christus, die wir soeben hier gebetet und gesungen haben: (Joh. 11. 25) „Ego sum resurrectia et vita," „Ich bin die Auferstehung und das Leben; wer an mich glaubt, wird leben, wenn er auch gestorben ist; und jeder der lebt und an mich glaubt, wird nicht sterben in Ewigkeit."

Die Wiege unseres lieben Verstorbenen stand im Allgäu zu H u b, Pfarrei Rechtis, wo er am 20. November 1894 als das 12. Kind christlicher, arbeitsamer Landwirtseheleute geboren wurde, also in einer großen Geschwisterschar seine Kinderzeit verbringen konnte. Frühzeitig und rechtzeitig wurde er von seinen kath. Eltern zur hl. Taufe gebracht, wo er durch das Wasser der Gnade und die Kraft des hl. Geistes für das übernatürliche und göttliche Leben geboren wurde und als lebendiges Glied in die Reichsgottesgemeinschaft eingefügt wurde. An diesem großen Tage, seinem Tauftage, leuchteten in seinem unschuldigen Herzen neben dem Lichtkleide der Gotteskindschaft die Edelsteine des hl. Glaubens und der Liebe auf. Damals galt für ihn das Wort des hl. Apostels Paulus aus dem Briefe an die Galater 3. 27: „Ihr alle seid Kinder Gottes durch den Glauben, der in Christus Jesus ist; denn ihr alle, die ihr in Christus getauft seid, habt Christum angezogen."

Er hat in seinem großen Geschwisterkreise reichlich Gelegenheit gehabt, soziales Einfühlen zu lernen und soziales Verständnis zu üben. Dort in seinem Elternhause sah er besonders kath. Beispiel und kath. Leben, und wurde durch das vorbildliche Beispiel seiner christlichen Eltern und nicht zuletzt durch den guten Einfluß seines Heimatseelsorgers und Heimatlehrers, von denen er im späteren Leben immer wieder mit so großer Hochachtung gesprochen hat, zu echt kath. Leben und zu lebendiger Glaubensüberzeugung angehalten. In solch religiös-kath. Atmosphäre verlebte er seine Jugendzeit. Mit hl. religiösem Erbgut konnte er den Weg aus seinem Elternhause ins Leben antreten.

Hat er einen Teil seines Lebens im landwirtschaftlichen Berufe verbracht, seit dem Jahre 1926 weilte er in Mindelheim und hat hier als Heilpraktiker sich eines großen Zulaufes von seiten der leidenden Menschheit erfreut. Hat er von seinem Elternhause kath. Geist mitgebracht, war sein Jugendleben von tiefer Religiosität erfüllt, besonders aus seinen Mannesjahren leuchtet sin unerschütterlicher Glaube, sein felsenfestes Gottvertrauen, seine männliche Frömmigkeit und seine tiefe Glaubensüberzeugung. Von ihm galt, was der hl. Paulus schreibt im

Hebräerbriefe 10. 38: „Mein Gerechter lebt aus dem Glauben." Mag seine natürliche Veranlagung von Gott mit besonderen Heilkräften ausgestattet gewesen sein, nicht zuletzt im lebendigen Glauben an Gottes allwirkende Macht, in der innigsten Verbundenheit mit Gott und Christus, erzielte er seine großen Heilerfolge. Selber von großem Glaubensgeiste erfüllt, verlangte er von seinen Patienten lebendigen Glauben an Gott und felsenfestes Gottvertrauen. Er wußte wohl von dem Worte des hl. Geistes im Buche Sirach 38. 1: „Ehre den Arzt um der Not willen, denn der Allerhöchste hat ihn erschaffen. Von Gott kommt alle Heilung. Er gab den Menschen Wissenschaft, daß er in seinen Wundern verherrlicht werde. Durch diese heilt er und lindert er den Schmerz. Mein Sohn, verachte dich nicht selbst in deiner Krankheit, sondern bete zum Herrn, und er wird dich gesund machen."

Was wir an unserem verstorbenen Mitbruder besonders bewundern, das war sein lebendiger Glaube an den gütigen Vater - Gott und sein machtvolles Wirken. Johannes schreibt ja 17. 3: „Das ist das ewige Leben: Dich erkennen, den allein wahren Gott, und den du gesandt hast, Jesus Christus." Er war durchdrungen von tiefem Glauben an Christus und seine Erlöserliebe am Kreuze. Für diese Ueberzeugung legte er Bekenntnis ab durch Wort und Tat. Darum gilt ihm auch, was Paulus schreibt im Römerbriefe 10, 9: „Bekennst Du mit Deinem Munde, daß Jesus der Herr ist, und glaubst du in deinem Herzen, daß Gott ihn von den Toten auferweckt hat, so wirst du gerettet werden." Und wie war unser Verstorbener überzeugt von dem kraftvollen, mächtigen und geheimnisvollen Wirken des hl. Geistes in den Menschenseelen. Er ahnte wohl das Wort des Apostels Paulus aus dem Briefe an die Römer 8. 10: „Herrscht Christus in euch, so ist der Leib zwar dem Tode verfallen infolge der Sünde, der Geist aber ist Leben infolge der Rechtfertigung."

Unser christlicher Mitbruder hat dieses Glaubensleben immer genährt durch freudiges Gebetsleben, durch tägliche fromme Mitfeier des hl. Meßopfers, durch täglichen Empfang der hl. Kommunion. Er war ein großer Beter. Man muß sich wundern, wie er bei seiner vielen Arbeit immer noch Zeit fand zum Gebete. Aber gerade aus dem Gebete holte er täglich die Kraft und den Segen für seine Berufsarbeit und sein Tagewerk. Er vertraute auf das Wort des Herrn bei Matthäus 21. 22: „Alles, um was ihr im Gebete gläubig bittet, werdet ihr er-

hälten." Er befolgte das Paulus-Wort bei Timotheus (1. 2,
8): „Ich will, daß die Männer an jedem Orte zum Gebete reine
Hände erheben, frei von Zorn und liebloser Gesinnung." Weil
er das hl. Meßopfer schätzte als das unblutige Kreuzopfer, als
die Gedächtnis-Stätte des Leidens und Sterbens, der Auferstehung
und Himmelfahrt, als die unerschöpfliche Gnaden- und
Segensquelle, darum sprach er alle Tage voll Freude mit dem
Priester: „Introibo ad altare Dei: ad Deum, qui laetificat ju-
ventutem meam — ich will hintreten zum Altare Gottes, zu
Gott, der meiner Jugend Freude ist." Und gerade im hl. Sakramente der Liebe, im Sakramente der Gottes- und Christus-
gemeinschaft nährte und stärkte er seinen Glauben und seine
Liebe. Dort holte er alle Tage Kraft für sein tägliches Opfern,
für sein berufliches Wirken und für sein ärztliches Schaffen.
Er war überzeugt von dem Christus-Wort (Joh. 15. 5); „Ohne
mich könnt ihr nichts tun." Er sprach mit Paulus (Phil. 4. 13):
„Ich vermag alles in dem, der mich stärkt." Täglich wollte er
sprechen mit Paulus (Gal. 2. 20): „Nicht mehr ich lebe,
Christus lebt in mir. Mein jetziges Leben im Fleische ist ein
ein Leben im Glauben an den Sohn Gottes, der mich geliebt
und sich für mich geopfert hat."

Unser Verstorbener hielt fest am lebendigen Glauben, der
steht auf dem Fundamente der Apostel und dem Eckstein Jesus
Christus, und gelehrt wird in der hl. kath. Kirche, die ja nach
Paulus (1 Tim. 3. 15) „die Säule und Grundfeste der Wahrheit
ist. Er handelte nach dem Worte des frommen Kirchenvaters
Cyprian: „Wer Gott zum Vater hat, der muß die Kirche zur
Mutter haben." Was ich ihm als Pfarrer ganz besonders danke,
das ist seine lebendige Teilnahme am pfarrlichen Leben, sein
vorbildliches Beispiel, das er der Pfarrfamilie gegeben hat.
Wenn wir bei Bittgängen oder Flurumgängen um gute Witte-
rung oder gesegnete Ernte beteten oder bei Prozessionen das
allerheiligste Sakrament des Altares verehrten, Heilkundiger
Schmid weilte unter den Betern. Wenn die Pfarrgemeinde sich
versammelte am Sonntag zu Predigt und Gemeinschaftsopfer,
er weilte unter den Pfarrkindern, um Gottes Wort zu hören
und das hl. Opfer mitzufeiern. Er stand mitten unter den Gläubigen der Pfarrgemeinde so oft an der Kommunionbank. Nun
möge sich an ihm erfüllen das Wort des Herrn bei Matth. 10.
32: „Wer mich vor den Menschen bekennen wird, den will ich
auch vor meinem Vater bekennen, der im Himmel ist."

Und wenn unsere herrliche Stadtpfarrkirche und das Ka-
tharinenkirchlein auf Bergeshöhe seit der Restaurierung in

schmucken Gewände erstrahlen, wenn vom Kirchenchor durch
Aufführung der prächtigen Nikolai-Messe an Festtagen Gottes
Lob verkündet und Menschenherzen erfreut werden, unser
Verstorbener hat in seiner Freigebigkeit und Kirchenfreudig-
keit reiche Gelder für Gotteshaus und Gottesdienst beige-
steuert. Das möge ihm der Herrgott vergelten! Wir sagen
„Vergelts Gott".

Heilpraktiker Schmid lebte nach dem Glauben und aus
dem Glauben, aber aus dem Glauben, der sich lebendig erweist
durch die Liebe und gute Werke. Er wußte von dem Worte des
Apostels Paulus an die Galater 5. 6: „In Christo Jesu gilt der
Glaube, der durch die Liebe wirksam ist." Er kannte das Wort
des hl. Apostels Paulus aus dem Briefe an die Korinther (1.
Kor. 13. 2): „Wenn ich allen Glauben hätte, so daß ich Berge
versetzen könnte, hätte aber die Liebe nicht, so wäre ich nichts."
Ja mit felsenfestem, Berge versetzendem Glauben vereinigte
er die barmherzige, mildtätige Liebe. —

Was hat Heilpraktiker Schmid doch in seiner Heilpraxis
der leidenden Menschheit Gutes getan! Wie viele Tausende
sind Jahr für Jahr mit Leibes- und Seelennöten in seine Sprechstunde erschienen. Tausende haben Heilung von ihren Be-
schwerden erfahren oder wenigstens Erleichterung in ihrer
Krankheit gefunden. Wie viele hat er gestärkt in ihrem Glaubensleben, wie viele aufgemuntert zur Kirchentreue und religiösem Leben! Wie vielen Hunderten ins Gewissen geredet, zur
Reue und Bußfertigkeit gemahnt und somit zur Heiligung ihrer
unsterblichen Seele beigetragen! Unermüdlich, oft bis tief in
die Nacht hinein war er in seiner Praxis tätig, allein von dem
Gedanken beseelt, der leidenden Menschheit zu helfen. Besonders darf an seinem Grabe erwähnt werden seine großherzige
und mildtätige Gesinnung, hat er doch einen großen Prozent-
satz aus den ärmeren Schichten der Bevölkerung ganz umsonst
oder um geringe Entlohnung behandelt.

Bestimmt konnte er mit dem Dichter Weber sagen:

Oft habe ich andere froh gemacht
und stets an mich zuletzt gedacht
Ich diente und mein Lohn ist Friede."

Am jüngsten Tage, da werden seine guten Werke vor aller
Welt genannt werden, da mögen sich an ihm erfüllen dann die
Worte Christi bei Matth. 25. 34: „Kommet ihr Gesegneten

meines Vaters und besitzet das Reich, das euch von Anbeginn
bereitet ist, denn

ich war hungrig und ihr habt mich gespeist,
ich war durstig und ihr habt mich getränkt,
ich war krank und ihr habt mich besucht.

Wahrlich ich sage euch, was ihr einem der geringsten
meiner Brüder getan, das habt ihr mir getan."

Und wenn ein junger Mann noch als Spätberufener die
hohe Würde des Priestertums erreichen konnte, so war dies
nicht zuletzt seiner Initiative, seinem Einflusse und seiner
Wohltätigkeit zu danken. Jedenfalls ist dies ein Zeichen der
hohen Verehrung, die er dem Priestertum gezollt hat. Welch
kindliche, aufrichtige Freude hatte er vor ein paar Jahren, als
sein geistl. Sohn das hl. Sakrament der Priesterweihe empfing
und dann in Ottobeuren hintrat zum hl. Opferaltare, um sein
Erstlingsopfer darzubringen. Jetzt in der Ewigkeit wird er
immer an den Verdiensten und Segnungen der hl. Opfer teilnehmen dürfen, die sein Schutzbefohlener alle Tage feiern
wird.

Heilpraktiker Schmid war dann beseelt von echt patrio-
tischer Gesinnung und vorbildlicher Vaterlandsliebe. Seine
vaterländische Treue hat er an den Tag gelegt im großen Welt-
kriege. 3 Jahre von 1915 bis 1918 war er an der Front bei einer
MG.-Komp., nahm teil an den verschiedenen Kämpfen im
Osten und Westen, so in Flandern, an der Somme und in Rumänien. Mehrmals verwundet, wurde er wegen seiner Tapfer-
keit, Pflichttreue und Unerschrockenheit zum Unteroffizier befördert und mit dem E. K. 2 ausgezeichnet.

Christliche Trauerversammlung!

Wer hätte gedacht, daß Alois Schmid, diese stramme Erscheinung, dieser kräftige Mann, dieser kernige Allgäuer, der
noch vor einigen Tagen so aufrecht durch die Strassen unserer
Stadt marschierte, jetzt leblos im Grabe liegt! Freilich schon
mehrere Wochen fühlte er ein Leiden an seinem Lebensmarke
nagen, das ihn vor einigen Tagen zwang, seine Praxis aufzu-
geben und das Krankenbett aufzusuchen. Auch in dieser schweren Zeit hat unser verst. Mitbruder, der seinen Krankheitszustand als bedenklich erkannte, kindliches Gottvertrauen,
christliche Gottergebenheit und starkmütige Geduld an den
Tag gelegt. Wie oft hat er in diesen Tagen immer wieder
gesagt: „Mir kann nur unser Herrgott helfen". Noch in den
Tagen, wo niemand ernstlicher als er selbst, an ein baldiges

Lebensende dachte, hat Schmid nach dem Priester verlangt, um sich durch frommen Empfang der hl. Sterbsakramente auf ein gutes Sterbstündlein vorzubereiten. Wie schön, wenn man, wie er sagen konnte zu seinen Freunden: „Ich bin glücklich! Mich drückt nichts. Ich habe ein gutes Gewissen!" O ruhiges und seliges Sterben!

Gottergeben hat er am Tag des Herrn, am letzten Sonntag, seine gläubige und Gott liebende Seele dem Schöpfer zurückgegeben. Nun möge sich an ihm erfüllen das Wort des Hl. Geistes aus der Geh. Offenbarung: „Siehe, ich komme bald und mein Lohn mit mir, um einem jeden zu vergelten nach seinen Werken."

Christliche Trauernde !

In tiefster Trauer und schmerzlicher Wehmut stehen nun heute die Pfarrfamilie, viele seiner Verehrer und Patienten aus nah und fern und besonders sein engerer Freundeskreis an seinem allzu frühen Grabe. Gerade seine Freunde werden mit König David sprechen die Worte vom 2. Buche Samuels 1.26: „Wie bitter ist mein Schmerz um Dich, mein Bruder Jonathan! Voll Anmuth warst Du und liebenswürdiger als Frauenliebe! Wie eine Mutter ihren einzigen Sohn liebt, so habe ich' dich geliebt!"

Wir sprechen an diesem Grabe vertrauensvoll mit dem Apostel Paulus (Röm. 11. 33): „O Tiefe des Reichtums und der Weisheit und der Erkenntnis Gottes! Wie unerforschlich sind seine Ratschlüsse, wie unergründlich seine Wege! Denn wer erfaßt den Gedanken des Herrn? Wer war sein Ratgeber?" Wir denken an das Wort des hl. Geistes beim Propheten Jsaias 55. 8: „Meine Gedanken sind nicht eure Gedanken, noch meine Wege eure Wege. Denn wie der Himmel erhaben ist über die Erde so sind meine Wege erhaben über eure Wege und meine Gedanken über eure Gedanken."

Christliche Trauernde!

In Jhrem großen Schmerze beten Sie Gottes hl. Fügung und Führung, Gottes hl. Vorsehung und Willen an! Sprechen Sie mit dem frommen Vater Job (1.21): „Der Herr hat ihn gegeben, der Herr hat ihn genommen. Wie es dem Herrn gefiel, so ist es geschehen, der Name des Herrn sei gepriesen." Oder beten Sie. gottergeben, mit dem hl. Kirchenvater Hieronymus (4. Jahrhdt.): „Du hast ihn uns geliehen, o Herr und er war unser Glück, Du hast ihn zurückgefordert und wir geben ihn Dir. o Gott, ohne Murren, nur das Herz voll Wehmut."

Christliche Trauernde!

Das Leben unseres christlichen Mitbruders war ein Leben des Glaubens, ein Leben nach dem Glauben und aus dem Glauben. Darum gilt für ihn das eingangs erwähnte Cristuswort (Joh. 11. 25): „Ich bin die Auferstehung und das Leben. Wer an mich glaubt, wird leben auch wenn er gestorben ist, und wer im Glauben an mich lebt, wird in Ewigkeit nicht sterben." Alois Schmid lebte in der Gemeinschaft mit Gott und starb in der Liebe zu Christus, so konnte er sein arbeitsreiches und gottgefälliges Leben schließen vertrauensvoll mit Paulus (2. Tim. 4. 6): „Ich habe den guten Kampf gekämpft. den Lauf vollendet, den Glauben bewahrt. Im übrigen ist mir die Krone der Gerechtigkeit hinterlegt, welche mir der Herr an jenem Tage geben wird, der gerechte Richter."
Amen.

*Stadtpfarrer Martin Schorer*

# CHRISTLICHE LEBENSZEUGNISSE

P. Gereon Goldmann OFM
**Tödliche Schatten – Tröstendes Licht**

Der spannende Erlebnisbericht des „Lumpensammlers von Tokio"
über seine Jugend im Dritten Reich.

13. Auflage, 344 Seiten, broschiert, Euro 9,80, ISBN 978-3-8306-7138-1

Sr. Maria Imma Mack
**Warum ich Azaleen liebe**

Fahrten zur Gartenplantage des Konzentrationslagers Dachau
und geheime Kontakte mit dem Priesterblock.

152 Seiten, broschiert, Euro 12,00, ISBN 978-3-8306-7300-2

Sr. Theodolinde Katharina Katzenmaier
**Vom KZ ins Kloster**

Erlebnisse einer engagierten Christin im KZ Ravensbrück.

148 Seiten, broschiert, Euro 12,00, ISBN 978-3-8306-7216-6

Irmgard Schmidt-Sommer
**„Er wird alles fügen..."**
**Das Lebensopfer von Mirjam Else Michaelis, Josefsschwester von Trier**

Die jüdische Konvertitin Else Michaelis trat 1928 in das Josefsstift in Trier
ein. Für den Messias wollte sie leben und seinen Willen erfüllen. Mit Edith
Stein wurde sie im Dritten Reich ein Opfer der Judenverfolgung.

176 Seiten, broschiert, Euro 9,80, ISBN 978-3-8306-7382-8